ANTES DE EU PARTIR

Conheça nossos clubes

Conheça nosso site

- @editoraquadrante
- @editoraquadrante
- @quadranteeditora
- Quadrante

PETER KREEFT

ANTES DE EU PARTIR

Tradução
Juliana Amato

São Paulo
2023

Título original
Before I go

Copyright © 2007 do autor

Traduzido e publicado em português mediante acordo com a Rowman & Littlefield Publishing Group, Inc. Todos os direitos reservados. Nenhuma parte deste livro pode ser reproduzida ou transmitida em qualquer formato ou meio, eletrônico ou mecânico, sem permissão por escrito da Rowman & Littlefield Publishing Group.

Capa de
Gabriela Haeitmann

Dados Internacionais de Catalogação na Publicação (CIP)

Kreeft, Peter
    Antes de eu partir / Peter Kreeft; tradução de Juliana Amato. — 1ª edição — São Paulo : Quadrante, 2023.

    Título original: *Before I go*
    ISBN: 978-85-7465-495-9

    1. Correspondência 2. Cristianismo I. Título

CDD-876

Índice para catálogo sistemático:
1. Cristianismo 876

Todos os direitos reservados a
QUADRANTE EDITORA
Rua Bernardo da Veiga, 47 - Tel.: 3873-2270
CEP 01252-020 - São Paulo - SP
www.quadrante.com.br / atendimento@quadrante.com.br

Introdução

Filhos (e netos) queridíssimos,

Ofereço-lhes este livro a respeito das lições de vida mais valiosas que aprendi porque desejo dar-lhes tudo o que posso, e escrever livros é algo que sou capaz de fazer. Gostaria de ter-lhes dado mais de mim mesmo, que tivesse sido um pai mais forte, sábio e presente. Este livro é um fraco substituto para isso. Sua motivação, contudo, não é nada fraca: trata-se de meu amor por vocês, o qual é mais forte do que meu amor pela vida mesma.

Gostaria de ter conferido formas mais fortes a esse amor. Qualquer pai, na medida em que seja honesto, humilde e carinhoso, há de lamentar-se por não ter poderes divinos que lhe permitam cumprir a divina responsabilidade de ser um substituto de Deus, um pai. Que ofício! Todos os outros ofícios do mundo juntos não se comparam a esse.

Jesus não teve de escrever livro nenhum porque Ele viveu à perfeição tudo o que ensinava. Ninguém mais conseguiu fazê-lo. Eis por que escrevemos livros uns para os outros. Todos os livros dizem: "Façam o que eu digo, mas não façam o que eu faço." Até mesmo a Bíblia foi escrita por pecadores.

O amor pode assumir muitas formas. Que meu amor por vocês assuma agora a forma deste livro. É bem verdade que não se trata de um substituto adequado para as palavras vivas que uma pessoa diz, do mesmo modo como dar pancadas numa bateria não é o mesmo que ser um baterista. Não obstante, como diz a canção, Jesus aceitou o presente do pequeno baterista: peço, assim, que aceitem vocês o meu com o mesmo espírito — como um presente de amor.

A ordem dessas lições de vida é aleatória — ponderadamente imponderada. Elas figuram aqui na ordem em que foram escritas, a exemplo do que acontece na própria vida.

1. Dos mortos aos vivos

Este livro nasceu de meu assombro ante a famosa observação do dr. Samuel Johnson: "Desconheço qualquer pensamento que absorva de tal maneira a mente de um homem do que o pensamento de que ele será enforcado amanhã de manhã."

Agora que começo este livro, ainda sou jovem (estou na casa dos sessenta) e gozo de boa saúde. É difícil imaginar que um dia a mão que escreveu isto será a mão de um esqueleto. Mas sei que é essa a verdade. A morte é o único prognóstico certo na vida.

Em algum lugar C. S. Lewis diz que ninguém deveria poder morrer sem ter lido o *Banquete* de Platão. (Eu trocaria o livro por sua *Apologia*.) Penso que não deveria morrer antes de dizer estas coisas para vocês. Pude escrever dezenas de livros e tive milhares de estranhos como leitores; está mais do que na hora de escrever para as quatro ou cinco pessoas que mais amo — meus próprios filhos.

Quase tão universal quanto a morte é o amor que um pai sente por seus filhos. Quando, porém, esse pai está morto, é tarde demais para partilhar o que de mais precioso sabe. Ele fica, portanto, num dilema: depois de morto, não pode mais falar; mas, antes de morrer, suas palavras não carregam o peso da morte consigo, e assim elas ficam perdidas no meio da multidão de outras palavras. As palavras de um agonizante se notabilizam em meio à multidão de outras palavras; elas têm essa vantagem porque quem fala está na dianteira. Criança nenhuma se esquece das palavras de um pai à beira da morte, e vice-versa. As últimas palavras de meu pai para mim foram apenas: "Eu te amo", enquanto minhas últimas palavras para eles foram: "Vá, papai, sob a misericórdia." Escrever um livro é uma forma de escapar desse dilema, uma vez que o livro é como um fantasma: permanece mesmo que o autor não esteja vivo, mesmo que se trate apenas de seus "restos". É como uma apólice de seguro para as palavras: uma forma de você falar mesmo depois de morto.

Estas palavras são para *vocês*. Se outra pessoa vier a lê-las, nada tenho com isso. Publiquei este livro apenas para que os outros tenham a chance de bisbilhotar nossa conversa.

Ao mesmo tempo, este livro é universal o bastante para ser lido por todos. Não incluí aquelas coisas privadas — a girafa chamada Girard do John; a boneca da Jenny; o esquilo morto da Katherine; o Binkie todo despedaçado do Bean — nem seus equivalentes psicológicos. Tudo isso pertence apenas a vocês, é parte de uma identidade secreta que só vocês, seus pais e seu Criador e *Designer* conhecem.

2. Quem sou eu para aconselhar alguém?

Quem sou eu para dar conselho aos outros — logo eu, que também preciso de conselhos? Isso não é hipocrisia?

Não: não é hipocrisia porque parto aqui da única coisa de que sei que todos precisam: uma honestidade completa. Meu conselho é o de que vocês reconheçam que precisam de conselho. Honestidade e humildade são quase a mesma coisa.

E quem sou eu para falar *disso*? Uma espécie de especialista em humildade? Porventura posso me orgulhar da humildade que tenho? Longe disso. Porém, se nos fosse proibido pregar ou ouvir uma pregação até que praticássemos o que é pregado, estaríamos todos surdos e mudos.

Quem sou eu para dar conselhos? Sou como vocês.

3. O que há de melhor na vida

Queridos filhos: como amo vocês mais que tudo, quero lhes dar as melhores coisas que existem. No entanto, não posso dar-lhes a melhor coisa que existe porque não se trata de uma *coisa* e não se trata de algo que podemos dar uns aos outros. Cada um de nós precisa obtê-lo por conta própria. Não o recebi de meus pais, embora eles me tenham ajudado bastante; e vocês também não têm como obtê-lo de mim, não obstante eu possa tentar ajudá-los — e este livro não é senão uma tentativa disso.

Qual é a melhor coisa da vida? O maior bem?

Tudo na vida é bom para *algo*. Mas talvez haja algo que seja bom para *tudo*. A melhor coisa da vida é assim. Todo mundo sabe que há algo de bom em tudo, mas nem todo mundo sabe que há tudo de bom em algo. Uma palavra usada para esse algo é "Deus". Deus é a bondade completa, infinita. Se isso não for verdade, Deus não será Deus — e será melhor sermos ateus.

Mas como é possível conseguir essa que é a "melhor coisa da vida"? Como vocês "conseguem" Deus? O que significa "tê-lO"?

É claro que não conseguimos "obtê-lO" ou possuí-lO. Embora os tolos continuem tentando, não conseguimos sequer possuir outros seres humanos! Contudo, nós podemos *conhecer* a Deus, e não apenas coisas *a respeito* dEle. Podemos ser seus amigos. Podemos até desposá-lO espiritualmente! Podemos fazer com que seja, em nossa vida, o que Ele de fato é: o número um.

É muito simples: Ele realmente está aqui, e podemos de fato encontrá-lO ao rezar, quer sintamos ou não. E Ele realmente *faz coisas com a gente* quando rezamos, quer sintamos isso ou não. Esse relacionamento, ademais, é denominado "religião" ("religião" significa "relacionamento" mesmo, literalmente), e isso é o que de melhor podemos fazer nesta vida, uma vez que se trata do que faremos para sempre e do que nos dará, por toda a eternidade, uma felicidade sem qualquer fastio.

Todo mundo sabe disso. Lá no fundo, somos todos capazes de percebê-lo. Entretanto, os cristãos sabem algo mais: sabem que, uma vez que não temos como estar à altura dEle, Ele mesmo se rebaixou e se tornou um de nós. Ele desceu do Céu em sua "escada de Jacó", e essa escada não é uma coisa, mas uma pessoa com rosto, nome e endereço. E podemos encontrar essa pessoa, esse rosto e esse endereço com muita facilidade: basta olhar para um crucifixo. Esse é o mais importante dos mapas.

4. Se só desse tempo para dizer uma coisa

Se eu soubesse que só teríamos mais um minuto para conversar e que, após esse minuto, jamais nos veríamos novamente, qual seria a única coisa que eu gostaria de dizer e de ouvir?

"Eu te amo", é claro. Mas também: "Eu te perdoo." Afinal, o amor tem inimigos, e o perdão destrói todos esses inimigos.

Jesus julgava o perdão tão importante que fez com que nossa salvação dependesse dele. Ensinou-nos a rezar: "Perdoai-nos as nossas ofensas *assim como* nós perdoamos a quem nos tem ofendido."

Deste modo, peço o perdão de vocês por os ter negligenciado, por não tê-los compreendido, por não ter me esforçado mais, por não ter assumido mais minhas responsabilidades em suas vidas e por não ter partilhado mais com vocês os meus sentimentos, os meus sonhos e minha sabedoria (seja lá qual for). Apesar de tudo, eu sempre amei vocês, sempre amarei, e sei que vocês sabem disso. E também sei que vocês me amam e me perdoam por todas as minhas faltas. Sei que vocês aceitam meu perdão por todas as bobagenzinhas que fizeram. (Bem-vindos à raça humana.)

4. SE SÓ DESSE TEMPO PARA DIZER UMA COISA

Vocês sempre foram crianças maravilhosas e adoráveis. Deram-nos muito menos trabalho e muito mais amor do que a maioria das crianças de hoje. Merecem ser amados mais do que são, e essa é uma das razões pelas quais fico feliz em que haja um Deus — pois ele é capaz disso mesmo quando eu não o sou.

5. Tudo é amor

Não só o amor é tudo, como tudo é amor.

O amor é tudo. O amor é a alma de tudo o que tem valor. O mais precioso dos presentes dado sem amor de nada vale; o mais barato dos presentes dado com amor não tem preço.

Mas tudo também é amor. Tudo que tem valor é *feito* de amor. Tudo o que existe, desde você até um grão de areia, é o amor de Deus visível, encarnado — amor na forma de criação. As palavras que Ele falou para criar tudo o que existe no universo — "faça-se" — eram palavras de amor. Ele amou as coisas para que existissem. O espaço é o amor estendido. O cômodo em que vocês estão são trinta metros cúbicos de amor de Deus espalhado. O tempo é a vida do amor. A história é o teatro do amor. A matéria é o corpo do amor. A gravidade é a energia do amor movendo não as almas, mas as estrelas, as pedras e as tempestades. Somos filhos do amor. "Faça-se" significa "eu te amo". A própria existência de vocês é amor de Deus por vocês. O amor é o sentido da vida, o sentido da religião, o sentido de tudo.

6. A pessoa mais importante

Uma das canções mais idiotas que já ouvi na TV foi o tema de um programa infantil dos anos 1970 chamado "The Electric Company". Dizia assim: "A pessoa mais importante do mundo é... você!" Mensagem subliminar: seja um mimadozinho autocentrado. Você está em primeiro lugar, e todo o resto, em segundo.

Eis uma filosofia alternativa:

1. A pessoa mais importante do mundo é Deus. Isso é tão verdadeiro quanto $2 + 2 = 4$. E isso é verdade quer vocês o saibam, quer não, quer vocês queiram, quer não, quer vocês acreditem, quer não. Então é melhor que vocês saibam, gostem e acreditem nisso.

2. A segunda pessoa mais importante do mundo é aquela com a qual vocês se casam. Ninguém mais sequer chega perto dela. É *nisso* que consiste o casamento. Quem não sabe disso não está casado de verdade.

3. Depois vêm os filhos.

4. Em seguida, é a vez de cada um. Cuide de vocês mesmos antes de cuidarem de qualquer outra pessoa, exceto seus filhos, sua esposa e seu Deus. Afinal, se vocês não colocarem a máscara de oxigênio primeiro, não serão capazes de ajudar os outros a colocarem as suas.

5. Depois são os seus amigos. Nunca traiam um amigo.

6. Em seguida, todas as outras pessoas, os seus "próximos".

7. Então vem o resto do mundo.

8. Depois, as coisas, todas e quaisquer coisas: o dinheiro, aquilo que o dinheiro pode comprar — casas, carros, férias. As pessoas vêm sempre antes das coisas. Usem as coisas e amem as pessoas, e não o contrário.

9. Por fim, as abstrações: ideias, causas, organizações, partidos políticos etc. Tudo isso é meio para o fim que todo o resto constitui. A propósito, a Igreja não é uma "organização", mas uma família. Eu nunca vi uma "religião organizada": somente religião desorganizada, como a arca de Noé.

7. *Memento mori*

Isso é "lembre-se da morte" em latim. Trata-se de uma expressão medieval que serve como um bom teste para nossa forma de ver o mundo. A morte (nossa própria morte) coloca a vida em sua correta perspectiva. As coisas que pareciam importantes passam ao plano da banalidade quando você está morrendo — coisas como a fama, o dinheiro e as *coisas*. E aquilo que costumamos ignorar — amor, confiança, honestidade, autodoação, perdão — se afigura infinitamente mais importante à luz da morte. A obscura luz da morte é bastante resplandecente!

Tudo o que vocês não levam consigo não passa de placenta depois do parto. O que vocês *levam* é o bebê.

Quando (erroneamente) diagnosticaram Elizabeth com um tumor cerebral maligno, impressionou-me como milhares de coisas logo perderam a importância: o pagamento das contas, o prazo das coisas, conservar as aparências da vida, as fachadas, a maquiagem, todos os castelos de areia. Tudo isso podia esperar. Muito em breve, tudo isso precisará esperar para sempre.

Perguntem a si mesmos: o que vocês não podem levar com vocês? Quaisquer que sejam as respostas, parem de se preocupar com essas coisas já.

Perguntem a si mesmos: o que você pode, deve e irá levar consigo? E, quaisquer que sejam as respostas, passem a se preocupar com essas coisas já.

"No alvorecer de nossas vidas, seremos julgados pelo amor" (São João da Cruz).

O maior arrependimento das pessoas que estão morrendo é o de não ter dito a seus filhos ou pais o quanto os amavam.

O erro mais destrutivo da vida consiste em não perdoar, uma vez que perdoar é o primeiro ato do amor.

O que será importante para vocês em seu leito de morte? Que isso seja importante para vocês agora. Porque vocês estão no leito de morte agora. Vocês passam ao leito de morte assim que nascem. Ninguém sai dele vivo. O dr. Johnson está certo: o pensamento da morte "esclarece maravilhosamente a cabeça". Exija essa clareza *agora*.

8. A oração de um minuto que muda nossa vida

Não acho que o tamanho da oração tenha lá muita importância, mas sei que o *hábito* de rezar pequenas orações, tem. São Paulo diz: "Rezai sem cessar." O força está nesse sem cessar. As duas coisas mais importantes a respeito da oração são o começo e o "não cessar". O resto é detalhe.

Qual é a primeira coisa em que vocês pensam ao levantar de manhã para enfrentar mais um dia, mais um presente de Deus? Esse dia não veio do ontem. Um dia não tem o poder de criar outro dia. Só Deus pode criar mais tempo. Todo dia, todo momento, vem diretamente dEle, de Seu ato criador, que é presente e não apenas passado.

Se quiserem ser realistas, portanto, se quiserem viver na realidade, seu primeiro pensamento todo dia deve ser: "Obrigado por este dom, por este novo dia." E o último pensamento de vocês toda noite — e também na noite de sua vida — deve ser: "Obrigado por este último dia e por todos os dias. Eu confio em Ti. Acredito que és puro amor.

Seja feita Tua vontade. Seja feita a vontade do Amor. Minha vida é Tua; faze com ela o que te aprouver."

Um só minuto bem orientado a cada manhã e a cada noite pode mudar a vida de vocês.

Não percam contato com seu Pai!

9. O que é "uma pessoa boa"?

Queremos ser pessoas "boas" e queremos que aqueles que amamos também sejam pessoas "boas". O que é uma pessoa boa?

Essa é a resposta que todos os grandes mestres do mundo dão a essa pergunta.

1. Uma pessoa boa é *honesta* tanto consigo mesma quanto com os outros. Recusa a escuridão, recusa a dissimulação e recusa as mentiras. A verdade é absoluta.

2. Uma pessoa boa é *altruísta*, abnegada, generosa. Há dois tipos de pessoas: as que dão e as que tomam. Sejam alguém que dá, e não que toma.

3. Uma pessoa boa é *leal*, confiável e responsável. Ela sempre cumpre suas promessas.

4. Uma pessoa boa é *moral*. Ela escuta a própria consciência. Tem vida interior, caráter. Não é perfeita, mas tem presença.

5. Uma pessoa boa é *compassiva*. Ela escuta os sofrimentos alheios, mesmo quando isso a machuca e entristece. Ela nunca dá as costas para os outros.

6. Uma pessoa boa é *humilde*, e não arrogante. Sua reação às pessoas más é: "Não fosse pela graça de Deus, eu faria o mesmo." Ela nunca desdenha dos outros.

7. Uma pessoa boa é *corajosa*. Está disposta a lutar pelo bem e a sofrer nesta luta. Essa virtude é sempre difícil (sobretudo para os norte-americanos modernos, que levam vidas mais ricas e menos sofridas do que qualquer outro povo na história), e é preciso muito tempo para cultivá-la.

8. Uma pessoa boa fica *feliz* quando vê a felicidade dos outros, fica feliz quando descobre a beleza, a verdade ou a bondade em algo. Uma pessoa boa fica feliz por ser boa.

9. Uma pessoa boa é *obediente*, piedosa, reverente e respeitosa no que diz respeito às autoridades legítimas — não por fraqueza, mas por força.

10. Uma pessoa boa é *grata*. Ela sabe que a vida é um dom.

10. "Dê o seu melhor"?

Os escritores muitas vezes não dão o seu melhor aos leitores que desconhece — esse "público-leitor" genérico. Contudo, nenhum pai deseja dar a seus filhos o que não seja o seu melhor.

Não obstante, se formos honestos, diremos que não damos nosso melhor. Se vocês disserem que o fazem, estarão dizendo também que não poderiam ser melhores do que são. Isso soa incrivelmente arrogante. Neste mundo, nenhum de nós dá o melhor de si, nenhum de nós dá tudo de si e nenhum de nós foge ao fracasso. O copo de todo mundo está parcialmente vazio.

Todavia, o copo de todo mundo também está parcialmente cheio. Ninguém deixa de dar ao menos alguma coisa. E uma das lições mais oportunas da vida é a de que devemos sempre buscar o que há de cheio, mesmo nas pessoas que só sabem olhar para o que está vazio — tanto nos outros quanto em si mesmas.

Os pais que forem honestos terão consciência de duas coisas: de que amamos loucamente nossos filhos e de que não vivemos esse amor como gostaríamos. Nós amamos e fracassamos. Nós amamos *e* fracassamos neste amor.

Algo em que fracassamos é a coragem. Nós temos medos demais. Temos medo de que nossos filhos percam o interesse em nós, de que parem de nos ouvir ou de que recusem nossa mensagem em razão das falhas do mensageiro.

Este livro representa minha tentativa de remediar um pouco disso. Meu substituto, minha reparação, minha penitência. É claro que um livro não substitui uma pessoa. Um livro não pode ser uma pessoa. Mas um livro pode ser pessoal. Não pode ser aquele que ama, mas pode ser uma carta de amor.

11. Pelo que rezo todos os dias

Vocês querem saber o que peço para vocês quando rezo todos os dias? Peço a mesma coisa que meu pai pedia para mim todos os dias. Que vocês sejam felizes, verdadeira e profundamente felizes.

E bons, portanto, uma vez que não há outra forma de ser verdadeira e profundamente feliz.

E próximos a Deus, portanto, uma vez que é dEle que vem toda bondade.

12. O sentido da vida... numa frase

Walker Percy afirmou: "Não tire só nota dez e fique reprovado na vida."

E como alguém fica reprovado na vida?

Léon Bloy afirmou: "No fim, só há na vida uma tragédia: não ter sido santo." Santo é aquele que ama a Deus com simplicidade, com todo o seu coração, toda a sua mente, toda a sua alma.

13. O que "eu te amo" quer dizer?

Estou certo de que amo vocês. Mas o que isso quer dizer? Não sei bem. O amor é um grande mistério. É como o oceano: só conseguimos ver cerca de uns três metros abaixo da superfície quando o dia está bom.

O amor é certamente mais do que um sentimento. Posso amá-los quando sinto outras coisas por vocês ou quando não sinto nada. Os sentimentos são como ondas no mar do amor. O amor está lá quando as ondas são grandes, quando são pequenas ou quando não existem.

O mar é muito mais pesado do que suas ondas. O amor é mais do que a emoção. Mas nunca menos. Não se trata de uma filantropia fria. "Quero-te bem" é muito menos do que "eu te amo".

"Eu te amo" quer dizer "eu me prendo a ti". O amor é leal. O amor é "para o que der e vier". O amor é "nunca, nunca, nunca, nunca desistir".

Porque é assim que Deus é.

14. Tempo = vida = família

Existem dois tipos de tempo. O tempo abstrato (*kronos*, em grego) é um conceito científico, uma forma de medir a matéria que se move pelo espaço. O tempo concreto (*kairos*, em grego) é o tempo vivido. Tratamo-lo como a nossa "existência". Tempo é vida.

Deste modo, dar a alguém o próprio tempo é dar-lhe a própria vida.

Nossos familiares são aqueles para os quais damos a nossa vida e aqueles que dão suas vidas a nós. A família é uma cadeia de favores.

Ninguém jamais ouviu um moribundo dizer: "Dediquei tempo demais à minha família e pouco tempo ao trabalho."

Nossos familiares sempre nos ferem mais o coração do que o trabalho porque nosso trabalho não é grande o bastante para encerrar todo o nosso coração, enquanto a família é.

O que você faz quando sua família fere o seu coração? Bem, primeiro você percebe que as coisas são assim mesmo, que isso acontece. Depois, faz um curativo. Curem seus corações. Quando quebram uma perna, vocês não cruzam os braços, mas dão um jeito nela. E por quê? Porque vocês amam suas pernas, porque vocês são suas pernas. Bem, sua família são suas pernas.

15. Mas não há o que fazer?

Um dia vocês talvez tenham vontade de fazer essa pergunta. Ela é sempre falsa, porém. Jamais há problema, sofrimento ou mal, em qualquer relacionamento humano, que não possa ser transformado ou curado quando há duas coisas presentes: perdão e determinação. Tudo o mais é uma questão de funcionamento.

Não importa o quão "incompatíveis" duas pessoas são: elas sempre podem "dar um jeito" *se quiserem*. O problema está sempre *nisso*: no fato de não quererem. Elas preferem morrer abraçadas à própria perfeição do que abraçando uma a outra.

Isso também se aplica à nossa relação com Deus. Só há um motivo pelo qual não somos santos: não queremos sê-lo de todo o coração.

Vocês podem — e de fato irão — descobrir uma saída para qualquer situação "impossível" sempre que começarem aí: no perdão e na determinação. A única coisa além dessas duas que sempre se faz necessária é a paciência, uma vez que todas as coisas boas levam tempo.

Nenhum relacionamento humano está perdido porque nenhum ser humano está perdido. Só os demônios já o estão.

Amor vincit omnia: o amor tudo vence. Se isso não é verdade, então Deus é um perdedor.

16. O que é a honestidade?

A honestidade é o fundamento de todas as virtudes. Virtude nenhuma pode crescer na escuridão. As virtudes só crescem por uma espécie de fotossíntese espiritual. A luz é o catalisador universal de todo crescimento moral, e é a honestidade que permite a entrada da luz.

A honestidade para com os outros começa com a honestidade para consigo mesmo. Se brincam de esconde-esconde com consigo, vocês acabam por criar o hábito de fazer isso com os outros. Se não respeitam sequer a vocês mesmos ao ponto de não mentir para si, vocês não respeitarão suficientemente os outros de modo a não mentir para eles.

No âmbito da honestidade, a primeiríssima pergunta é sempre esta: "Isso é verdade?" Ela vem até mesmo antes do: "Isso é bom?" Afinal, é preciso que se trate de algo *verdadeiramente* bom.

E este "Isso é bom?" *sem dúvida* precisa vir antes do: "É confortável? É conveniente? Eu gosto disso?" E, obviamente, deve ser colocado antes do: "É popular? Ora! Como é que se diz? Vocês não são "todo mundo". E o que a verdade diz? Que a verdade não é "todo mundo". *Vocês* devem dizer o que a *verdade* diz.

Deus é a verdade. Diz Ghandi: "Deus não se encontra na força, mas na verdade."

17. Otimismo e pessimismo

O otimismo é um equívoco: o mal existe, e a vida nada mais é do que uma guerra contra ele.

O pessimismo é um equívoco: o bem é mais forte que o mal e há de vencer no fim.

Lutem, portanto: afinal, o otimismo é um equívoco. Mas lutem com confiança, e até com alegria, pois o pessimismo é um equívoco. Lutem — não sejam otimistas ingênuos. Mas lutem sem medo — não sejam pessimistas ingênuos.

A vida é uma luta, mas essa luta já está consolidada. "Seu reino não pode fracassar." A vida é uma peça, mas seu enredo já foi escrito. Porém, não obstante esse enredo já esteja pronto, você precisa desempenhar seu papel com paixão, pois a vida é uma peça de paixão.

18. Vivam o presente

"Pare e sinta o perfume das rosas." Muitas vezes. Agora. Literalmente.

Um dia, será tarde demais. Não espere que seja tarde demais. Leia o livro *Nossa cidade*, do Thorton Wilder, e aprenda com Emily, quando retorna como um fantasma. E não espere chegar a esse ponto!

Viver o presente não exclui nossas responsabilidades pelo futuro, pois essas responsabilidades são do *presente*. O que fica de fora é a preocupação. Preocupar-se é viver no futuro. E isso é idiotice, pois o futuro não é real.

Eis uma das filosofias de vida mais estúpidas que já ouvi, mas que ainda assim move toda a nossa civilização: trata-se da ideia de que o objetivo da vida consiste em obter boas coisas para o futuro que você ainda não tem, em vez de desfrutar das boas coisas do presente que você tem. Milhares de vozes, em todos os cantos de nossa cultura, sussurram essa mentira. Ordene a seus pensamentos (eles são seus!) para que se voltem para o presente e sua beleza. Se vocês precisam se forçar a parar e sentir o perfume das rosas, bem... então façam isso. As rosas de Emily são belas demais para serem negligenciadas.

Não deem ouvidos às propagandas que lhes dizem que vocês precisam de X, Y ou Z. A publicidade é a profissão mais antiga do mundo. A primeira coisa que nos venderam foi uma mentira e uma maçã.

Qual é a única coisa que as pessoas vendem o tempo todo, mas ninguém jamais pode comprar? Deus.

19. Uma sã escala de valores

Sanidade é viver na realidade.
A realidade não é apenas matéria. Os valores também são reais, tão reais quanto as rochas.
Sanidade a respeito dos valores consiste em não ficar plantando bananeira, em não viver de ponta-cabeça e de trás para frente.
Por exemplo, a saúde vale muito mais do que a riqueza; é por isso que pagamos os médicos. Por que, então, nos preocupamos muito mais com o dinheiro?
A felicidade, por sua vez, é mais valiosa do que a saúde, do mesmo modo como a alma é mais valiosa que o corpo, o interior é mais valioso que o exterior. O que somos é mais do que o que temos. Por que nos preocupamos mais, então, com o lado de fora?
E a santidade é mais valiosa que a felicidade. Ser bom vale mais do que se sentir bem. Por que, então, preocupamo-nos mais com nossos sentimentos?

20. Autoestima

Sou demais ou não sou?
Comparado com o quê? Com os outros? Por que comparar a mim mesmo com os outros?
Qual é, portanto, o fundamento de nossa autoestima?
O fato de Deus ter amado cada um a ponto de dar-lhe a existência, por desejo próprio (Ele não tem filhos indesejados)... E Ele nos tem em tão alta conta que, mesmo quando demos-Lhe um "não", Ele não nos deu outro, mas um "sim". Na verdade, Ele nos deu a Si mesmo, Sua vida, o sangue de Suas veias. Ele morreu para que pudéssemos viver. Deixou de ser para que pudéssemos ser.
E Ele não fez isso por aquela "boa gente", mas por vocês. Não teria feito nada diferente se cada um de vocês fosse a única pessoa do mundo. Na realidade, cada um é a única pessoa do mundo, assim como eu. É nisso que consiste o amor: quando você ama alguém, esse alguém é a única pessoa no mundo para você. (Lembre-se das parábolas do amor de Deus: do filho pródigo, da ovelha perdida...) O outro recebe 100% da sua atenção e de seu amor, e não 10%, 50% ou 99%. Como Deus faria menos por nós ao amar-nos do que nós fazemos quando amamos?
Ele não morreu pela humanidade. A humanidade é uma ideia, uma abstração, um conceito. Só os tolos e os políticos falam em morrer por conceitos; os soldados de verdade

morrem por seus companheiros. A humanidade não existe. Vocês existem. As marcas dos pregos em Suas mãos soletram o nome de cada um de vocês.

21. "Mãe"

Amem a mãe de vocês. "Mãe" significa "a que dá vida". A mãe de vocês lhes deu a vida. Literalmente, fisicamente.

A Madre Igreja deu a vocês a vida espiritual. Deus a usou como instrumento do mesmo modo como usou sua mãe. O Batismo é o canal que dá à luz.

Maria, nossa mãe, também lhes deu a vida ao dar-lhes Aquele que dá a vida. O corpo de Cristo vem do seu corpo, o sangue de Cristo vem de seu sangue.

A Mãe Terra também lhe deu a vida, provavelmente por meio da evolução.

Vocês têm quatro mães. Amem todas.

22. O que fazer com o tempo: alguns conselhos práticos

É incrível como uma coisa tão simples quanto o aproveitamento do tempo faz tanta diferença em tudo na vida.

É incrível como uma regra simples e óbvia pode fazer tanta diferença para o aproveitamento do tempo.

A regra é esta: primeiro o trabalho e depois o lazer. Dessa forma, o trabalho será feito com qualidade, sem pressa e sem pressões de prazo. Do mesmo modo, o lazer será isento de culpa e de preocupações, uma vez que o trabalho estará feito. Vocês sabem que *merecem* o lazer naquele momento, e por isso desfrutarão mais dele.

Caso contrário, isto é, se colocarem o lazer antes do trabalho, o lazer será repleto de preocupações, e o trabalho, cheio de pressa.

23. O tempo sagrado

Dediquem um tempo sagrado, inviolável, para estar todo dia com quem vocês amam. (Refiro-me tanto aos que amamos na Terra quanto no Céu.) E isso não para *fazer* algo, mas apenas para *estar* ali.

Nada jamais deve roubar de vocês esse "tempo de ficar junto". É melhor que um ladrão roube seu dinheiro do que seu tempo sagrado, uma vez que dinheiro não é vida, mas o tempo é. O ladrão que rouba seu dinheiro é feito de moléculas, mas o ladrão que rouba o seu tempo é feito de mentiras, sobretudo da mentira de que você não tem tempo para *ser*, mas apenas para *fazer* algo.

Visitem uma igreja ao menos uma vez por semana apenas para ficar cinco minutos diante da presença real de Cristo no Santíssimo Sacramento, adorando-O. Ele veio de longe para esse encontro: veio do Céu. E trouxe vocês de longe para esse encontro: trouxe-os do nada, a partir do qual os criou. Essa é a medida da importância que Ele dá a esse encontro. E vocês não se importam? Quem vocês acham que está certo nisso?

24. Um minuto pela sanidade

Um minuto não basta para atingir a santidade, mas é o suficiente para atingir a sanidade. Vejam como.

Pelo bem de sua sanidade e de sua paz interior, obriguem vocês mesmos a ficarem quietos e sozinhos por ao menos um minuto por dia. Não por um segundo, por um instante, mas um minuto inteiro: sessenta segundos. Vocês jamais saberão quem está por dentro de seus olhos se continuarem olhando para fora a cada minuto.

Sempre que vocês estiverem se sentindo atormentados e incomodados, fique sem fazer nada por um minuto. Não fazer nada é algo muito ativo. Trata-se de um ato, de um fazer. Não se trata de fazer *nada*, mas de *fazer* nada. Muita gente carece da energia necessária para isso.

25. De onde vêm as coisas boas

"Merdas acontecem", diz o cínico. Errado. As coisas não simplesmente acontecem. Alguém as faz. Aquele bloco de cocô congelado que despencou do banheiro de um avião enferrujado por dez quilômetros e abriu a cabeça do vovô enquanto o ele caminhava inocentemente por um campo no Kansas durante um belo dia de junho... Bem, isso não simplesmente aconteceu.

As coisas boas também: elas não apenas acontecem. A felicidade não acontece. Alguém faz ela existir.

Dizemos que "está chovendo". Mas "quem" está chovendo? Alguma coisa deve ser. A chuva não simplesmente acontece. *Nada* "simplesmente acontece" sem uma causa, a não ser Deus. Se você diz que "merdas acontecem", está dizendo que a merda é Deus.

Tudo o que é real, bom, verdadeiro e belo, todo amor, toda bondade, todo perdão e todo altruísmo vêm de algum lugar. E tudo o que há de irreal, de mau, de falso, de feio, de cruel, de grosseiro, de implacável e egoísta também vem de algum lugar. De onde?

Olhem-se no espelho.

Mas há uma diferença entre o que há de bom e o que há de mau: o que há de bom vem *através* de nós. Nós a transmitimos, fazemos com que circule para os outros, mas de onde vem? Qual é o primeiro dominó da fila?

Independentemente de em que medida transmiti a bondade para vocês, vocês sentirão minha falta quando eu me for, uma vez que não sentimos falta da maldade, mas só da bondade. Assim, se vocês virão a sentir minha falta quando eu partir, importante será que saibam de onde a bondade vem, de modo a que possam ir até lá e conseguir mais.

Eu não fui senão um dominó pequeno, fraco e hesitante, um transmissor da energia do amor. Mas de onde ele veio? De Deus, é claro. E por meio de uma única e grande porta — dAquele que disse: "Eu sou a porta." Toda a luz do sistema solar vem do sol, e toda a luz da vida humana vem do Filho. São muitas as janelas, muitas as janelas quebradas, mas uma só luz.

Busquem a luz. Será lá que estarei também, sendo restaurado.

26. Riam!

Deem um jeito de rir ao menos uma vez por dia. É um remédio e tanto. Literalmente. É mais importante do que tomar vitaminas.

Se as coisas estiverem tão ruins que vocês não consigam rir de nada, então riam disso. Uma risada que seja parte choro é uma boa risada também.

27. Sem rancor

"Que o sol não se ponha sobre sua ira." O que essa imagem quer dizer?

O pôr do sol simboliza a morte. A vida é curta demais para rancores. Podemos morrer a qualquer dia. E podemos jamais reparar o dano se morrermos em guerra, e não em paz.

Não vão dormir enquanto ainda estiverem em guerra.

28. O que há de importante nessa tal Igreja?

Por que ela é tão importante?
Porque é por ela que conhecemos Jesus. Ela nos fala (com seu ensinamento), nos mostra (com seus santos) e nos alimenta (com seus sacramentos).
Por que Jesus é tão importante?
Porque é por Ele que conhecemos a Deus. Ele nos falou, nos mostrou e nos alimentou.
Por que Deus é tão importante?
Porque é por Ele que conhecemos o amor. Ele *é* amor.
Por que o amor é tão importante?
Porque é por ele que conhecemos a felicidade.
Sem amor, nossa felicidade não é felicidade verdadeira.
Sem Deus, nosso amor não é amor verdadeiro.
Sem Jesus, nosso Deus não é o Deus verdadeiro.
Sem a Igreja, nosso Jesus não é o Jesus verdadeiro.

29. Uma palavrinha sobre sexo

Primeiro, comecemos com algo que vocês já sabem. Sexo é bom, sexo é ótimo. Deus fez do sexo algo assim tão bom porque Ele está transbordando de júbilo. E Ele atrelou seu júbilo mais extasiante à capacidade mais divina que temos: a capacidade de (pro)criar novas pessoas, novos imortais.

Em segundo lugar, esse Deus dos êxtases está por trás de todas as regras retas a respeito disso. Na verdade, só existe uma regra: nada de adultério. Não adulterem isso, não diluam essa bebida. A regra mais basilar é vergonhosamente fácil de entender: o negócio fica para o casamento. No casamento, sexo ao máximo; fora dele, não.

Judeus e muçulmanos têm a mesma regra. Ela veio do *Designer*. Se não tivesse vindo, se os mandamentos não fossem do próprio Deus, toda a Bíblia não passaria de uma fraude, e o mesmo com toda a religião cristã, inclusive com nossa esperança do Céu. Se não é Deus quem fala ali, mas apenas nós mesmos, que esperança podemos ter? Porventura conseguimos ir escalando até o Céu com nossos calçados de escalada?

Em terceiro lugar, a revolução sexual já destruiu mais famílias e mais felicidades do que qualquer revolução política na história (com a possível exceção daquela de 1917).

29. UMA PALAVRINHA SOBRE SEXO

Vejam os *talk shows* de aconselhamento amoroso na televisão: todo espectador que liga perturbado sangra da mesma ferida, infligida pela mesma picada. Não seja uma dessas pessoas. Não porque seja proibido, mas porque se trata de algo falso.

Afastem o sexo do lugar em que ele deve ficar; afastem o sexo do amor, do compromisso, do dom de si e da fidelidade; afastem o sexo do casamento, da família, das crianças e da sociedade; transformem-no numa coisa privada, "consensual", "libertária", "recreativa"... E o que vocês terão? Algo como uma Eucaristia que fosse usada como pasta de amendoim num sanduíche. Masturbação mútua. Imagens de uma fantasia amorosa, e não pessoas.

O sexo falso não contribui para a verdadeira felicidade. Lá no fundo, todo mundo sabe disso. Mas não queremos sabê-lo. Queremos nos fazer de bobos. Não temos pensado muito em sexo; temos pensado pouco. Fantasiar não é pensar.

Precisamos da verdade a respeito de tudo e, portanto, precisamos da verdade a respeito do sexo. Precisamos de luz a respeito do fogo. E a luz vem da cabeça, e não do coração ou dos hormônios.

Uma vez que pensemos honestamente, tudo o mais se seguirá. Toda moralidade se baseia num pensamento honesto.

30. Tempos modernos

Estes são tempos difíceis para as crianças porque são tempos difíceis para a infância. Nossa civilização está matando a infância. E uma das formas como o faz é matando aquilo de que a maioria das crianças nos Estados Unidos mais gostava: o ócio. Mesmo isso, hoje, é planejado.

Ela também está destruindo as famílias. O ventre em que as crianças crescem não está apenas dentro da mãe, mas também fora: chama-se família. Esses dois ventres deveriam ser os locais mais seguros, felizes e reconfortantes do mundo. Contudo, em nossa civilização, trata-se dos dois lugares mais perigosos, letais e traumáticos.

Uma a cada três ou quatro crianças concebidas nos Estados Unidos é assassinada no ventre da mãe por meio de um aborto. Isso é tão desconcertante quanto se uma a cada três ou quatro pessoas nascidas fossem assassinadas, uma vez que "uma pessoa é uma pessoa, por menor que seja".

A base da família é o casamento. Um a cada dois casamentos se suicida por meio do divórcio. Isso é tão desconcertante quanto se metade de todos os indivíduos cometessem suicídio, uma vez que as unidades básicas da sociedade não são os indivíduos, mas as famílias.

E a maior parte da violência é perpetrada nas famílias. A maioria dos assassinatos de pessoas nascidas é levada a

30. TEMPOS MODERNOS

cabo por parentes ou namorados. Ambos os ventres, ambos os portos seguros, se tornaram perigosos e letais.

Mesmo do ponto de vista financeiro, as crianças em nossa sociedade são consideradas fardos em vez dos ativos que um dia foram. Quão pouco natural é isso de os jovens casais terem de escolher uma casa *ou* um filho. As mães precisam trabalhar e pagar uma substituta durante o dia. Isso é progresso?

Porém, mesmo quando nosso terrível sistema econômico transforma as crianças em "fardos" financeiros, elas ainda são alegrias pessoais. Pois, se o dinheiro diminui quando partilhado, o amor se multiplica. Espírito e matéria seguem regras diferentes. O altruísmo divide o que entra, mas multiplica o que sai; divide seu dinheiro, mas multiplica seu amor e sua felicidade, contanto que você esteja são o bastante para atrelar a felicidade ao amor, e não ao dinheiro.

31. O que a família é?

Nossos "especialistas" já não sabem nem mesmo aquilo que todo mundo sabe: o que a família é. Eles exigem não apenas tolerância às não famílias — o que é bom —, mas também que essas não famílias possam ser famílias — e isso é péssimo, pois não é verdade.

Se dois gays ou lésbicas podem ser uma família, por que não três? Por que não quatro cônjuges alternando-se entre si? Por que não a poligamia? Por que não tenho o direito de redefinir minha família, de modo a que possa me casar com minha ovelha? Esse problema é um problema sério e lógico, exigindo uma resposta séria e lógica. E qual é o problema? Nós já temos clonagem, temos madrastas, bebês de tubo de ensaio etc. Podemos viver no *Admirável mundo novo* amanhã mesmo. Leiam o livro: é profético.

Sem famílias estáveis, onde aprendemos o que é o amor? Onde mais vocês são amados não porque oferecem diversão, prazer sexual ou vantagens econômicas, não pelo que fazem, e sim por ser quem são?

Lembro-me de quando vocês eram pequenos e um de vocês me perguntou, depois de terem ido mal em alguma coisa: "Papai, você me ama?". "É claro", disse eu. E veio a outra pergunta: "Por que você me ama?". Minha resposta foi: "Porque eu sou seu pai. Porque você é minha." É tão simples e tão claro por que precisamos de famílias!

Nada fere mais as crianças do que uma família dividida. E nada é mais egoísta, irresponsável e indesculpável do que ferir uma criança. Especialmente se forem as *suas*.

A forma mais terrível pela qual nossa sociedade fere as crianças é ao despedaçá-las literalmente, membro por membro, sugando seus cérebros, queimando sua pele, esmagando seus crânios e quebrando seus ossos.

É isso o que o "procedimento" do aborto faz. Fazemos isso a um quarto dos filhos que concebemos. Não sei como seres humanos "civilizados" são capazes de tolerar isso. Quase ninguém que *vê* isso, que encara essa realidade física, consegue tolerá-lo. Bebês numa lixeira aos nove meses de idade, bebês perfeitamente formados, nossos bebês — as fotos têm uma assustadora semelhança com os corpos emaciados e despidos dos judeus que os nazistas deixavam de caracterizar como pessoas e destruíam em valas comuns.

O que pode vencer esse mal? Apenas um amor forte e sacrificado. Argumentos não mudam corações. O amor, sim.

A nós foi dado um amor que dura para sempre, e pelo Único que dura para sempre: trata-se de um amor que não é um caso de verão, mas um caso eterno. O mundo não acredita mais nesse amor. Vocês precisam revelar-lhe esse amor. Precisam ajudá-lO a salvar o mundo.

É mesmo estranho que Ele use instrumentos tão imperfeitos como a gente para salvar o mundo. É mesmo estranho que Ele use um instrumento tão imperfeito quanto eu para amar vocês.

32. Uma só coisa é necessária

Pouco me importa se vocês forem ricos ou pobres, mas apenas que sejam bons.

Vocês não precisam nem mesmo ser inteligentes (embora sejam): basta serem bons.

Não precisam nem mesmo ser bonitos (embora sejam): apenas bons.

Não precisam nem mesmo ser bem-sucedidos. Se fossem pobres, burros e feios, mas bons, seriam bem-sucedidos. Se fossem ricos, inteligentes e belos, mas maus, seriam um fracasso. E por quê? Porque boa é toda a realidade, bom é o que Deus é.

Sequer importa (não tanto quanto costumamos imaginar) se os outros são bons para com vocês. O que mais importa é se vocês são bons para com eles. Afinal, vocês não são responsáveis pela livre escolha dos outros fazem; eles são. E eles não são responsáveis pela livre escolha de vocês; vocês são.

33. Como ser uma pessoa boa: primeiro passo

O primeiro passo é deixar de fingir que vocês são bons.

Só existem dois tipos de pessoas: os pecadores, que se julgam santos, e os santos, que sabem que são pecadores. Existem apenas os tolos, que se julgam sábios, e os sábios, que sabem que são tolos.

O primeiro passo para muita gente em nossa sociedade consiste em deixar de ser insuportavelmente "autoafirmativo"; em deixar de dar ouvidos àqueles pedantes hipócritas que nos dão conselhos sobre como ser pedantes hipócritas; e em deixar de "aceitar você mesmo". Isso é o que as criancinhas fazem.

34. Segundo passo: dez maneiras de ser uma pessoa boa

Há dez mandamentos que definem o que é ser uma pessoa boa. Trata-se de ideias divinas a nosso respeito, e não de ideias nossas que dizem respeito a Deus.

1. "Não tereis outros deuses além de mim." Ser bom é ser leal às pessoas e, acima de tudo, a Deus, a Pessoa Original, o Inventor e Criador de todas as pessoas.

Os muçulmanos muito sabiamente repetem, cinco vezes ao dia: "Não há Deus senão Deus" (*La illa'há 'illa Allah!*). Adorem a Deus ou nada mais, pois nada mais é Deus.

2. "Não useis o nome do Senhor vosso Deus em vão." As palavras são sagradas. Com Sua palavra, Deus criou o universo. "No princípio era o Verbo."

Nós pensamos como falamos; nós vivemos como pensamos; e nós somos como vivemos. Se vocês ligam para o que são, liguem para o modo como falam.

Sejam honestos ao usar as palavras. Falem com sinceridade. E sejam bons com as palavras: *amem* as palavras verdadeiras. Entoem belas canções ao falar.

Três nomes de Deus que não devemos usar em vão são: verdade, bondade e beleza.

3. "Guardai e santificai o dia de sábado." Tirem períodos sabáticos. Aprendam a arte do ócio. Aprendam a relaxar e desfrutar dos dons de Deus. E aprendam a desfrutar de Deus: "Aquietai-vos e sabei que eu sou Deus."

Se fizerem isso, descobrirão que Deus não é um chefe, mas um Pai, e que não somos Suas abelhas-operárias, mas Seus filhos.

Isso deixará tudo diferente. Por exemplo, notaremos que o universo é a caixa de brinquedos que Ele preparou para nós e que o oceano é o brinquedo perfeito: está sempre ali, querendo brincar com vocês; é perigoso o suficiente para instigar; nunca precisa ser trocado; é inquebrável e nunca entediante... E você sequer precisa guardá-lo depois de brincar. Vejam como as criancinhas o tratam; elas sabem para o que serve. Elas também sabem para que servem a neve e a chuva.

Só sejam adultos em seis dos sete dias da semana. Sabemos que é preciso trabalhar, mas esquecemos que temos de brincar. Pobre Deus: não precisa mandar que trabalhemos, mas mandar que brinquemos!

4. "Honrai vosso pai e vossa mãe." A família é uma invenção de Deus e uma imagem de Deus: a Trindade é uma família. É sagrada.

A tradição é a família estendida da humanidade. A exemplo da família nuclear de vocês, ela está longe de ser perfeita, mas mesmo seus erros são preciosos, pois a vocês pertencem. Podemos aprender com eles. Aprendam com todos os seus pais, de hoje a Adão.

5. "Não matareis." Escolham a vida porque a vida não é apenas *boa*: ela é *sagrada*.

Não caiam na vigarice de calcular o valor da vida. Lá no fundo, todo mundo sabe que a vida é sagrada, mesmo quando desfigurada pela dor, pela morte, ou mesmo pelo pecado. Não caiam na propaganda do "tempo de qualidade" ou da "qualidade de vida". "Tempo de qualidade" é usado como desculpa para não dar a seus filhos o tempo (= a vida) que você sabe que deveria dar a eles. E "qualidade de vida" é usado como desculpa para matar aquelas pessoas que não são tão saudáveis quanto seus assassinos.

6. "Não roubareis." Uma vez que as pessoas são sagradas, seus corpos também o são. E, uma vez que seus corpos são sagrados, também o são a extensão de seus corpos: as suas "coisas", suas posses. As propriedades alheias devem ser respeitadas. As pessoas devem ser amadas. Deus deve ser adorado.

Adorem a Deus, amem as pessoas e respeitem as coisas.

Respeitem todas as três; amem as pessoas e a Deus, mas não as coisas; e adorem somente a Deus.

Não adorem as pessoas ou as coisas, e não amem as coisas.

As coisas são meios, não fins. As coisas devem ser usadas; as pessoas são fins a serem amados. Nós somos muito estúpidos, pois, a não ser que lembremos de nos retificar, naturalmente passamos a usar as pessoas e amar as coisas. A todo momento temos de lembrar-nos de sermos sãos, de vivermos na realidade, de tratarmos as coisas segundo o que são de fato. Se não fizermos isso, sempre nos chocaremos contra a parede da realidade, e tinta nenhuma sairá dessa parede, enquanto um pouco de pele descolará de nossos rostos.

O ponto do sexto mandamento está em que, embora não devam ser adoradas ou amadas, as coisas devem ser respeitadas. Quando alguém faz *sua* uma coisa, essa coisa exige respeito de nós porque agora é dele. Somos obrigados a respeitar as coisas e o espaço alheio.

7. "Não cometereis adultério." O casamento é o autorretrato de Deus. A Sagrada Família na terra (Jesus, Maria

e José) é imagem da Sagrada Família no Céu: a Trindade. A Trindade forma um casamento perfeito, totalmente imaculado. O casamento é a relação mais divina que pode haver neste mundo. Não tem como ser perfeito, mas pode permanecer inalterado.

Nada é mais sagrado do que os casamentos, nem mesmo as igrejas. Se todas as igrejas ficassem precárias, mas todos os casamentos permanecessem excelentes, o mundo seria um lugar muito melhor do que se todos os casamentos ficassem péssimos, mas todas as igrejas permanecessem boas.

Nunca, nunca traiam seus esposos, pois isso é o mesmo que trair a si próprio, a própria honra, a própria honestidade.

Tudo o que vocês, caso sejam cristãos batizados, fazem com o próprio corpo, fazem também com o corpo de Cristo, pois foram batizados no "corpo de Cristo".

O casamento é tão sagrado quanto a Eucaristia, pois trata-se de uma forma diferente da mesma coisa: do corpo de Cristo. Adulterá-lo é como usar a Hóstia sagrada como *frisbee*. Matá-lo por meio do divórcio é matar a Cristo.

Vejam: isso é Coisa Séria, Coisa Grave, coisa assim com letra maiúscula. Estamos muito acima do nível do mar, nadando em ondas gigantes; e, se não usarmos os coletes de Deus, nos afogaremos.

8. "Não levantareis falso testemunho contra o próximo." Mentir é a violação mais clara da regra de ouro: "Só faça com os outros o que você quer que façam com você." Vocês não querem ser vítimas da mentira. Ninguém quer. Portanto, não mintam.

Este é um mandamento extremamente prático, eficiente: se viverem na luz, vocês conseguirão limpar um monte de sujeira. Se viverem na escuridão, continuarão tropeçando num monte de lixo escondido.

A exemplo de todos os pecados, as mentiras têm seus disfarces. (O diabo precisa colocar isca no seu anzol.) Elas assumem a *aparência* da segurança, do lucro, da diversão, das válvulas de escape. No entanto, as mentiras são *mentiras*. Vejam além de seus disfarces. Com os Dez Mandamentos, Deus lhes deu uma visão de raio X como aquela do Super-homem.

Obedecer com rigor a esse mandamento faz com que obedeçamos a todos os outros. Pois todo pecado é uma falta de honestidade. Todo pecado encobre alguma coisa. Parem de encobrir as coisas. Amem a luz. Vivam na luz e vocês deixarão de pecar.

A mais clara das luzes surge quando vocês morrem. As pessoas não cometerão muitos pecados em seu leito de morte.

Como é possível alcançar essa clareza? Com a prática.

Só digam a verdade. Mas com delicadeza. Não levantem falso testemunho *ou* verdadeiro testemunho *contra* o próximo.

9. "Não cobiçareis a mulher do próximo." A luxúria é uma droga. Fiquem longe das drogas. Sejam livres. Os viciados não são livres.

Após cada recaída, se abstenham por completo. Sem meio-termo. "Apenas diga não" — antes de mais nada, aos pensamentos. "Ah, mas os pensamentos não são tão maus quanto as ações." Nada disso. Pensamentos deliberados *são* ações: ações do pensamento, escolhas.

Os pensamentos não são tão ruins? "Plante um pensamento, colha uma ação; plante uma ação, colha um hábito; plante um hábito, colha um caráter; plante um caráter, colha um destino."

Buda sabia disso. "Tudo o que somos tem a forma de nossos pensamentos. Começa onde nossos pensamentos começam, move-se por onde nossos pensamentos se movem, termina onde nossos pensamentos terminam."

Dizer não aos pensamentos logo no começo é muito mais fácil do que dizer não à ação depois, quando você já terá acolhido o pensamento no lar de sua mente. É mais difícil despejar um inquilino do que dizer não a um interessado em alugar a casa.

É claro que somos todos fracos. Deus, porém, nos oferece uma clínica de reabilitação constante. Só não nos obriga a frequentá-la.

10. "Não cobiçareis as coisas alheias." Que idiotice é isso de cobiçar as coisas dos outros! Deus fez coisa para caramba por aí.

A inveja é o mais estúpido de todos os pecados. Jamais proporcionou a ninguém nem mesmo a sensação de uma falsa felicidade.

A inveja da riqueza alheia (a cobiça do dinheiro) é ainda mais estúpida, pois confunde o *fim* que todos buscamos com um *meio* de troca.

35. Terceiro passo: o desfecho

Toda virtude nos faz felizes. Todo pecado nos faz miseráveis.

O único obstáculo à virtude e, portanto, à felicidade é o pecado.

A única coisa que pode triunfar sobre o pecado é a graça de Deus — duas vezes: antes de você pecar, a fim de impedi-lo, e depois de você pecar, para perdoá-lo. Ambos são graças, mas a segunda é muito mais custosa para Deus. Vejam o filme.

Os dons são gratuitamente ofertados e gratuitamente recebidos. O dom divino do perdão só é recebido se optarmos livremente pelo arrependimento. O arrependimento abarca duas escolhas livres: um não e um sim. Um não ao pecado e um sim a Deus. Trata-se da livre escolha por "converter-se", por "voltar-se": para longe do pecado e em direção a Deus.

Deus dá a graça, a graça de vencer o pecado. Contudo, Ele dá esse dom pouco a pouco, e não instantaneamente. (Vocês hão de ver algum progresso, porém.) Ele o faz a partir de dentro: Deus de fato habita em nossas almas pessoalmente, na pessoa do Espírito Santo. Ele é chamado de "Santificador", que significa "fazedor de santos".

35. TERCEIRO PASSO: O DESFECHO

Não temos como fazer isso sem Ele, e Ele não o fará sem nós. Ele nos dá a capacidade, mas não faz por nós. A graça não substitui a natureza, a natureza humana, nem a escolha humana; antes, ela a aperfeiçoa e energiza. Deus não é como a gente. Ele não é um advogado ou um legalista. Não está preso a nossos pecados passados, assim como um bom médico não fica preso nas doenças passadas. Como um bom médico, Ele nos oferece medidas de prevenção para que possamos nos preocupar menos. Contudo, a medicina não é fim, mas apenas o meio. (Isso se aplica à medicina espiritual tanto quanto à medicina física.) O fim é a saúde. Isso significa que evitar o pecado e obedecer aos mandamentos, por mais importante que sejam, não é o fim derradeiro da vida, mas apenas um meio necessário. O fim é o amor e a alegria. Esse é o fim porque é isso o que Deus é.

36. Vida é arte

Cada vida humana é uma estátua, uma pintura, um poema ou uma canção. A de vocês também.

Toda obra de arte tem duas partes: a matéria e a forma. A matéria é o que chega a vocês; a forma é o que sai de vocês. A matéria de sua vida é o material bruto que vocês herdam pela genética e pelo ambiente. A forma é o modo como dão forma a essa matéria por meio das escolhas que forjam essa história única que é a vida de cada um.

O que vocês herdam é como uma cerca ao redor de um pátio: trata-se de algo que limita suas escolhas. Vocês não têm como mudar o século em que estão, o gênero que têm, os pais que ganharam. Porém, essa cerca também é o que torna suas escolhas possíveis. Sem a cerca, não há pátio: você simplesmente estaria na rua.

A vida dá a todos alguns limões, mas apenas poucas pessoas fazem deles uma boa limonada. A uma serve-se um vinho fino, mas ela o derrama; a outra servem-se algumas uvas velhas, mas ela as transforma, pisando e testando, no próprio vinho. Nossa contribuição (a forma) é mais importante do que a contribuição da natureza (a matéria, o material bruto, as oportunidades).

38. Três ídolos

Parece estranho falar (como fiz há pouco) em "escolher" um Deus a ser adorado, como se vocês estivessem num restaurante de comida chinesa pedindo deuses: "um da coluna A e dois da coluna B". Não me refiro, porém, apenas a escolher uma igreja, ou mesmo uma religião, e sim em escolher um absoluto. O primeiríssimo mandamento de Deus é: "Não tereis outros deuses além de mim." E a última ordem do último apóstolo (João) foi: "Filhinhos, guardai-vos dos ídolos" (João 5, 11). Tudo pode se tornar um ídolo, um deus falso, até mesmo uma coleção de clipes de papel.

Os três ídolos mais importantes são o dinheiro, o sexo e o poder. Os três pecados mais letais dos sete pecados capitais são a cobiça, a luxúria e o orgulho. São essas as três principais fontes do mal: "o mundo, a carne e o diabo". É por isso que os monges proferem três votos: pobreza, castidade e obediência.

Nós precisamos de dinheiro, sexo e poder. Eles são bons, e não maus. Contudo, eles são bons porque inventados por Deus. Colocá-los em primeiro lugar e Deus em segundo é colocar a invenção à frente do Inventor.

Todos nós fazemos isso. Todos nós somos muito, muito estúpidos. Por isso, Deus tem de recordar-nos a todo momento (Ele nunca desiste!), às vezes de maneira dolorosa.

Ele precisa dar uns tapas nas nossas mãos para que elas soltem todos esses ídolos sempre que os pegamos com tanta força que acabamos por ferir nossas próprias mãos e nossos próprios corações. Quando ficamos viciados, Deus tem de tornar-se o terapeuta de nosso centro de reabilitação.

39. Um presente para vocês

Imagine que Deus descesse pela chaminé neste Natal em vez do Papai Noel e me dissesse: "Eu lhe darei qualquer presente. Qualquer um. Pode pedir. O que você quer?".
O que eu pediria?
Em primeiro lugar, eu pediria algo para *vocês*.
Depois, esse algo seria o Céu.
Meu maior inferno seria ir para o Céu e não encontrar vocês lá. Passar a eternidade perambulando pelo Céu em busca de vocês e não encontrá-los transformaria meu Céu num Inferno.
Woody Allen diz que a coisa mais importante da vida é dar as caras. Essa é a coisa mais importante na vida futura também.
Espero que descubram como chegar ao Céu, como ter uma eternidade feliz. Há um caminho, e o caminho é uma pessoa, aquela que disse: "Eu SOU o caminho" (João 14, 6). Deus nos deu um mapa bem detalhado: a Bíblia. Tanto essa pessoa quanto esse livro são chamados "palavra de Deus".
Espero que vocês tenham isso muito, muito claro. Seus catequistas, seus cursos de teologia e seus pais deveriam ter sido muito, muito claros quanto a isso, mas provavelmente não o foram. Nós ficamos presos demais a coisas secundárias e esquecemos aquela que é a mais importante.

Por favor, não se sintam ofendidos com esse lembrete tão elementar. Não é vocês, mas seus professores, que estou insultando — e a mim mesmo, em primeiro lugar.

40. Como ir daqui até o Céu?

A resposta *não* é a daquela famosa piada do fazendeiro de Vermont: "Não dá pra chegar daqui até lá, não."

Segundo o bilheteiro, nosso bilhete é dividido em dois. Precisamos fazer duas coisas para chegar daqui até lá: "Arrepender-nos e crer". "Arrepender-se" é afastar-se do trem que está indo na direção oposta e "crer" é estar no trem que vai para o Céu.

"Arrepender-se" é o resumo do que disseram todos os profetas da Bíblia. Arrepender-se do quê? Do pecado, dos "nãos" a Deus. Todo mundo precisa se arrepender porque todo mundo é pecador. Só existem dois tipos de pessoas: os pecadores que não se arrependem e os pecadores que se arrependem.

"Crer" é "confiar". Seu objeto não é apenas uma ideia, mas uma pessoa. Todas as ideias vêm de pessoas (certamente não vêm do ar ou do solo), e nós só acreditamos nas ideias de algumas pessoas porque confiamos *nelas*. (E Deus é uma pessoa. Seu nome é EU SOU.)

O método científico nos diz, e com razão, que devemos tratar todas as ideias como culpadas até que se prove o contrário. Esse é um bom método para a ciência, mas um terrível método para a vida — um bom método para ideias, mas um péssimo método para pessoas. (E Deus é uma Pessoa.)

O mundo diz: "Não confie em ninguém. Proteja-se. Se der o coração a alguém, ficará com o coração partido. Se aplicar a mente a algo, ela será enganada. Só confie em si mesmo. Procure ser o número um."

Deus diz: "Eu sou seu Pai. Eu te amo, quero abençoá-lo. Confie em mim. Espere em mim. Eu cumpro todas as minhas promessas ao meu tempo, que é o melhor tempo, e à minha maneira, que é a melhor maneira. Eu lhe prometo o Céu: tudo o que você desejar, tudo o que você *pode* desejar, mais do que o que você deseja, mais do que você pode desejar, mais do que você pode imaginar."

Ele também nos conta que o segredo de nossa felicidade (e da dEle) consiste em dar o próprio coração, dar a própria vida, dar a si mesmo, no amor. Porque foi isso o que Ele fez por nós. É claro: o coração de vocês se partirá, mas também irá bater, estará vivo, se dilatará. O único coração inteiro é o coração partido.

Até mesmo Rodney Dangerfield alerta: "Enquanto estiver em busca de ser o número um, acabará pisando num monte de números dois." Lembre-se do que esse "número dois" significava quando era você o número dois.

41. Honra

Essa palavra costumava nos colocar para cima. Hoje, porém, coloca-nos para baixo, pois ou a compreendemos e ficamos com vergonha de nós mesmos por não vivermos à sua altura, ou não a compreendemos e a confundimos com esnobismo, tratando-a então com desprezo. E esse desprezo da honra é por si só esnobismo, porque a honra serve para nos colocar para cima.

Ter honra é ser excelente (ser honroso) ou admirar a excelência alheia (honrar o outro). Excelência não é esnobismo. Só as pessoas desonrosas, ressentidas e invejosas veem a excelência como esnobismo. Só as cobras desdenham das águias.

Hoje, sentimo-nos honrados e admirados não por sermos diferentes, melhores e excelentes, mas por *não* sermos diferentes.

A honra não é necessariamente competitiva. Muitas vezes achamos que é porque uma das poucas partes da vida que ainda compreendem a busca da excelência são os esportes competitivos.

Nós honramos os heróis. Costumávamos ter heróis; hoje, só temos heróis no esporte. Já não ensinam nem mesmo a vida dos santos nas aulas de religião.

Talvez seja por isso que tanta gente fica fascinada pelos nazistas. Por que eles parecem muito mais interessantes do que os comunistas, cujos líderes e feitos foram igualmente perversos e que assassinaram dez vezes mais inocentes? Talvez porque os comunistas tenham dito ao mundo que eles eram todos iguais e todos máquinas, enquanto os nazistas disseram aos alemães que eles eram uma super-raça de deuses. É de uma loucura e uma perversão imensas, mas interessante.

Honrem a honra.

42. A vida como ensaios fetais

Sócrates via a filosofia como algo que vinha da vida e tinha por objetivo a vida, e não como algo cuja origem eram os livros e tinha por objetivo os livros. E a isso (a filosofia), que significava "amor à sabedoria", ele chamou "um ensaio (*melete*) para a morte".

Ele estava mais certo do que imaginava. Afinal, o amor é uma espécie de morrer — para si mesmo, para o egoísmo. E a vida a que estamos destinados para sempre no Céu é uma vida de amor eterno, bem-aventurado, abnegado, um amor que morre para si. Isso acontece "porque *sim*", porque as coisas são assim, porque é esta a natureza da realidade última (de Deus): uma Trindade de amor eterno, bem-aventurado, que morre para si e dá a si mesmo. E, no Céu, seremos completamente reais, estaremos completamente sintonizados com a realidade última.

O sentido da vida na terra é ensaiar para *isso*. Moralidade é muito mais do que propriedade e segurança; trata-se de aprender a surfar nesse mar divino sem se deixar arrastar.

Um feto não sabe por que tem olhos e pés. Por que ele chuta? Não há nada duro no ventre para chutar! Ele está ensaiando para o grande dia do nascimento. E o mesmo acontece com a gente.

43. Manhãs

Heráclito afirmou que "o sol é novo todo dia". Ele estava astronomicamente errado, mas espiritualmente certo. Todo dia é um novo dom de Deus. Ele não vem do ontem. Vem de Deus. O tempo não é capaz de fazer mais tempo. Só Deus pode fazer mais tempo. Agradeça a Ele por isso toda manhã.

Nós só achamos que as manhãs acontecem automaticamente por causa do costume — a exemplo das crianças que recebem suas mesadas.

Certa manhã, *não* haverá outra manhã.

44. Algumas máximas

1. Agradeçam a Deus por tudo. *Tudo.*
2. Perdoem tudo. *Tudo.*
3. A todo momento, estejam prontos e dispostos a morrer, a perder tudo. *Tudo.*
4. Sejam realistas. Vivam na realidade. Portanto, amem a Deus tal como Ele é: *tudo.*
5. Não deixem de dar nada a Ele. *Nada.*
6. Não temam nada que não seja perdê-lO. *Nada.*
7. Quando nada tiverem para si, nada vocês terão a temer. *Nada.*
8. Se tiverem Deus, você terão tudo. *Tudo.*
9. Sequer *considerem* os meios-termos. Não adulterem nada. *Nada.*
10. Quanto tempo por dia vocês deveriam passar rezando? 24 horas. *Tudo.*

45. A graça divina e a liberdade humana

Quando as coisas dão errado, sobretudo quando sabemos que a culpa foi nossa, naturalmente queremos saber se isso aconteceu porque Deus não nos dera a graça ou porque Ele no-la dera, mas não a usamos direito. E isso traz à tona o grande mistério da relação entre nossa atividade e a atividade de Deus, entre o livre-arbítrio e a graça divina.

Ao longo de milhares de anos, os maiores filósofos e teólogos só nos ofereceram respostas parciais, dicas úteis. Ninguém removeu o caráter misterioso do mistério, e é provável que ninguém o venha a fazer. Simplesmente não sabemos como a graça "funciona" — do mesmo modo como um bebê não sabe como funciona a eletricidade.

Por que Deus não solucionou esse enigma para a gente? Porque Deus não atua no ramo de solução de enigmas. Em vez de explicar como a "eletricidade" de sua graça funciona, Ele nos deu os botões de ligar e desligar, exortando-nos a que apertemos o primeiro — o de ligar a fé, a esperança, a caridade e a oração. Em vez explicar, ele deu. Ele nos deu alimento, e não um manual de fisiologia gastrointestinal.

Por que não solucionamos o enigma? Porque não se trata de um enigma a ser resolvido, e sim de um mistério que devemos viver.

Além disso, se Ele desse as caras (como fez a Jó) e nos contasse a resposta que melhor pudéssemos compreender (como fez a Jó), ela provavelmente soaria como algo assim (como soou a Jó): "Shhh, meu pequeno. Você não conseguiria entender. Confie em mim e nada mais."

Quando filosofamos sobre a graça e a liberdade, em geral esquecemos o *contexto* vivo do problema: está "tudo em família". O papai diz ao nenê tudo o que ele precisa saber sobre a eletricidade: ligue e desligue a luz por meio desses botões e não coloque nada de metal nas tomadas.

Deus nos disse as duas coisas que mais precisamos saber a respeito da graça. Não nos contou muito sobre filosofia — sobre a verdade impessoal, teórica —, e sim a quem louvar e a quem censurar, pois ambas essas coisas são pessoais e práticas.

Primeiro, a quem louvar: todo bem é graça, tudo o que é bom vem de Deus, independentemente do quão longa e oculta seja a cadeia de instrumentos que Ele usa para fazê-lo chegar até nós. No fim, tudo é graça. A natureza mesma é graça; é a natureza da graça. Por conseguinte, deveríamos dar a Deus o crédito por tudo de bom que existe: Ele é o Criador de todo bem, inclusive da existência de vocês. Ser criado é por si só uma graça, pois ninguém merece ser criado; como vocês poderiam merecer algo quando sequer existem?

Em segundo lugar, a quem censurar: mal nenhum vem de Deus. Se viesse, Ele seria parte Deus, parte diabo. O mal vem de nós. Não podemos criar, mas podemos destruir. Muitos bens também vêm de nós, mas apenas porque vieram dEle primeiro e porque a "graça aperfeiçoa a natureza" — portanto, também a natureza humana.

Se uma graça é boa para nós, Deus não a retém. Ou Ele no-la oferece e nós a recusamos (por medo, ignorância, orgulho, o que seja), ou Ele a retém porque percebe que não seria o melhor para nós. São Tomás diz que Deus é como um médico que deliberadamente se recusa a curar uma enfermidade menos grave em razão do perigo de que o paciente contraia outra pior. Desse modo, Ele não nos dá a graça para vencer um pecado menor, mas evidente, a fim de impedir-nos do pecado maior do orgulho dissimulado, o qual nos causaria um mal ainda maior.

47. Estilo

Se o estilo de um livro me desanima, eu não o leio, não importa qual seja o tema. E, se determinado autor tem um estilo de todo confiável, como é o caso de C. S. Lewis, eu leio seu livro independentemente de seu assunto.

Acho que isso se aplica às pessoas tanto quanto aos livros, bem como ao estilo de expressão e de vida tanto quanto à escrita. A meu ver, a "linguagem corporal" é como o estilo da escrita: revela mais do que diz.

Descobri que, de todos os livros que escrevi, os mais estimados são aqueles dotados de um estilo mais simples e amigável, voltado mais ao leitor do que ao autor. Posso muito bem escrever de maneira mais perspicaz, quiçá até mais "brilhante", mas nesse caso se trataria de uma *performance*, e não de uma operação. Um livro deve ser uma operação, uma cirurgia cardíaca. A perspicácia estilística é para o autor: "Olhem para mim! Olhem para minha obra!". A transparência, a simplicidade e a economia estilísticas são para o leitor. É o que diz: "Olhem para isso, olhem *através* do que eu digo, para a verdade e para vocês mesmos!". Isso se aplica tanto ao estilo de escrita quanto ao estilo de vida.

48. O teste de indignação da Oprah

Pude ler *A última grande lição*, livro que muitos de meus amigos adoraram, mas que me deixou meio indiferente. O autor é um cara legal, mas legal *demais*. Não chegou a enfrentar as grandes questões, as questões difíceis. Quando um homem está para morrer, você quer saber como ele encara Deus, a eternidade, o futuro. Contudo, os únicos livros sobre a morte que recebem aprovação da mídia são aqueles escritos por agnósticos.

Isso não está certo. O que me incomodou no livro não foi seu agnosticismo, mas sua autocomplacência. Camus foi agnóstico, mas esteve longe de contentar-se consigo mesmo. *A trilha menos percorrida*, de Scott Peck, era (ou parecia) agnóstico, mas era também poderoso porque honesto e resoluto, em vez de molenga. *A última grande lição* jamais deixaria a Oprah indignada. E esse é meu grande teste para os livros: o Teste de Indignação da Oprah.

Os agnósticos honestos correm sempre o risco de dar um salto de fé. Alguns o fazem antes de morrer. Camus não o fez, mas estava a caminho. O *establishment* midiático "religiosamente correto" fica desconfortável com os agnósticos honestos porque sabe aonde essa estrada leva. É por isso que prefere agnósticos menos honestos que não estão indo para lugar nenhum (e que, portanto, enaltecem a "mudança" e a "abertura" sem especificar para onde a mudança está indo e para o que a abertura se abre). É a uma mudança para qualquer direção, exceto a verdade, que eles se referem, bem como a uma abertura à abertura, exceto à verdade. C. S. Lewis entendeu essa gente muito bem. Está tudo no capítulo 5 de *O grande divórcio*.

49. Simplicidade

Todo mundo reclama hoje de que a vida é complexa demais. Todo mundo anseia por simplicidade. E há sempre formas de simplificar a vida. Sugeri algumas no capítulo sobre simplicidade do meu livro *Fazendo escolhas*. No entanto, tudo deve começar com a simplificação interior.

No plano intelectual, é possível fazê-lo seguindo um conselho maravilhosamente simples de São Tomás de Aquino. Diz ele que só há três tipos de bens: o moral, o prático e o deleitável (*bonum honestum, bonum necessarium, bonum delectabile*). Por conseguinte, só há três razões para se fazer algo: por ser moralmente bom (um ato de justiça, virtude, caridade ou heroísmo), por se tratar de uma necessidade prática (como comer ou ganhar dinheiro suficiente para comer) ou por fazer-nos felizes. E só. Ponto final. Quantas coisas que vocês fazem não se encaixam em nenhuma das três? Parem de fazê-las. Lancem para fora o excesso de carga. Deixem mais leve o navio. Com esse excesso de peso, ele está afundando.

No plano da vontade, do amor e dos desejos, o princípio simplificador mais importante é o que diz que a vida só tem um bem, um fim, um ponto, um objetivo, uma meta, um sentido e uma perfeição — a exemplo da ponta de uma flecha. E apenas se conseguirmos chegar ao ponto de conhecer e buscar esse fim poderemos ser como essa flecha e acertar o alvo. Somente se tivermos um grande amor é que poderemos ser uma grande pessoa. Se nossos amores se dissipam, dissipamo-nos também nós. Se eles são um só, também um só somos nós.

Na Bíblia, a pobre Marta estava "ansiosa e angustiada a respeito de muitas coisas". Conhecemos essa história. Jesus lhe disse que "uma só coisa é necessária". Que libertação radical! Uma só coisa! Se vocês não sabem que coisa é essa, leiam o Evangelho de João novamente.

Acabei de ler no jornal a notícia de um príncipe dinamarquês que regressou de uma expedição de trenó pelas calotas glaciais da Groenlândia. Quando lhe perguntaram a respeito do que mais lhe desconcertara na viagem, ele respondeu: "A liberdade."

A flecha mais afiada de todas foi Maria, que condensou toda a sua vida numa palavra: *fiat*, "faça-se". Vocês podem alcançar o maior sucesso do mundo apenas conhecendo e fazendo o que Maria fez. Trata-se de algo completamente oposto a um idealismo vago e adocicadamente piedoso; consiste, antes, no cálculo mais resoluto e prático que vocês podem fazer. Afinal, "do que adianta ao homem ganhar todo o mundo e perder a si mesmo"? Poderia haver frase mais prática do que essa?

Nossa cultura torna essa praticalidade imprática, torna essa simplicidade tudo, menos simples, ao lançar-se à nossa volta como uma grande teia de aranha. E então, se uma mosca escapa de suas malhas, a cultura joga-lhe no rosto nomes como "simplista", "tacanha" e "fanática" (o grande palavrão de nosso tempo). Obviamente, nada disso procede. É claro que a mosca não é nada disso: é apenas feliz. No entanto, nossa cultura tem ciúme da felicidade que ela é incapaz de compreender ou gerar. É por isso que recorre a insultos.

50. Vazio

Quero deixar a maior parte desta folha vazia a fim de recordar-lhes que seu espírito precisa de vazio e silêncio. Se não há vazio em vocês, não há espaço para nada — a exemplo de certa hospedaria em Belém. Ele muitas vezes bate na porta de nossas estalagens, usando vários disfarces. Reserve um quarto para Ele.

51. Lição de um grande poeta

Thomas Carlyle (morto em 1881) foi um grande poeta inglês. Amava sua esposa, que o amava também e o ajudou em sua carreira. Ela, porém, foi acometida por um câncer e teve de ficar de cama, enquanto Thomas dedicava tanto tempo à escrita que raramente tinha tempo para ficar ao seu lado. Ela jamais reclamou, contudo.

Falecida ela, no dia de seu enterro uma chuva intensa caiu. Após a cerimônia, Thomas foi para casa, subiu até o quarto da esposa e sentou-se ao lado de sua cama. Encontrou seu diário e leu esta entrada: "Ontem Thomas passou uma hora comigo, e foi como estar no Céu. Eu o amo tanto." O coração dele estremeceu. Na página seguinte, lia-se: "Passei o dia ouvindo seus passos no saguão, mas agora já está tarde, e acho que hoje ele não virá."

Thomas lançou o diário ao chão e saiu correndo para o cemitério, no meio da chuva. Alguns amigos o encontraram naquele túmulo novo, com o rosto na lama, chorando e dizendo sem parar: "Se eu soubesse!"

Woody Allen está certo: "Noventa porcento da vida se resume a dar as caras."

52. Pare e sinta o perfume das rosas

Literalmente.
Sentir o perfume das rosas é mais belo, mais regozijante e mais celestial do que metade das coisas que fazemos no lugar disso — das coisas que colocamos à frente das rosas. Na maior parte do tempo, escolhemos as rosas mecânicas em detrimento das rosas de verdade.
A gente desfila, se apruma, se embeleza e posa, mas só Deus pode fazer uma rosa.

53. A lógica do amor

O amor tem olhos. O amor perfeito tem olhos perfeitos, uma sabedoria perfeita. Deus é a sabedoria perfeita *porque* é o amor perfeito.

O amor também tem poder, e Deus é também o perfeito poder *porque* é o perfeito amor.

Deus nos dá tudo de que precisamos porque é isso o que o amor faz. Ele é capaz de fazê-lo porque é o poder perfeito, e Ele sabe o que fazer porque é a sabedoria perfeita.

No entanto, não temos a impressão de estar obtendo tudo de que necessitamos. Precisamos, pois, fazer uma escolha: ou acreditamos em nossa sabedoria, ou na dEle.

As aparências enganam. Doenças, divórcios, depressões, mentiras, mortes — eis um formidável rol de aparências. Onde está Deus?

Nas aparências, não. Mais fundo.

Mais verdadeiro.

Mais perto.

54. Como tornar fácil isso de ser bom

É muito simples: façam as pessoas felizes, verdadeiramente felizes, porque isso faz *vocês* felizes; e, quando vocês estão felizes, fica mais fácil ser bom.

55. Tentações da velhice

Quando se é novo, sente-se a tentação de ser egoísta e irresponsável, de esquecer a miséria alheia em troca de diversão. Quando se é velho, sente-se a tentação de ser altruísta, responsável e fazer os outros miseráveis ao não dedicar-se a diversão alguma.

Um epitáfio, por C. S. Lewis: "De dor tomados no coração,/ Martha Clay recordam seus irmãos./ Aos outros deu-se a mulher que jaz/ Repousa ela; têm eles paz."

56. A mais elevada sabedoria

A mais elevada sabedoria é também a mais simples, a mais óbvia e a mais conhecida. Trata-se da consciência de que o sentido da vida é o amor.

O amor honesto, o amor verdadeiro, o amor incondicional, o amor simples. O amor ao outro pelo bem do outro, e não pelo de vocês; o amor como fim em si, e não como meio para uma retribuição amorosa; não uma barganha, não uma *performance* em busca de recompensas. Falo do amor que se esquece de si mesmo e, paradoxalmente, por isso mesmo sente-se satisfeito.

Às vezes nós entendemos isso, mas não o praticamos. Às vezes, porém, praticamo-lo mesmo sem entender. A sabedoria não consiste em saber, mas em fazer.

Todas as religiões do mundo conhecem alguma versão do grande segredo: "perca a si mesmo para encontrar". O cristianismo sabe de onde isso vem: do fato de que Deus é amor, de que Deus é uma Trindade de pessoas na qual cada uma dá a Si própria às outras. Quanto mais fazemos isso, mais reais nos tornamos.

57. Perdoando

Por que devemos perdoar todas as ofensas? Porque todas as ofensas nos foram perdoadas por Aquele que ofendemos a cada ofensa. ("Tudo quanto fazeis a um destes pequenos, a mim o fazeis.")

E também porque Ele nos diz que não seremos perdoados se não perdoarmos.

Por quê? Não porque Deus se recuse: Ele não faz isso. Nós é que não temos como receber o perdão — muito embora Ele no-lo conceda — quando as mãos de nossas almas se encontram fechadas.

Quando não perdoamos os outros, fazemos desses outros nossos senhores. Quando ruminamos as faltas do próximo, fazemos desse próximo o mestre de nossa miséria.

Se só perdoamos os perdoáveis, e não os imperdoáveis, se dimensionamos nosso amor segundo o objeto, então submetemos o amor à justiça. E isso é idolatria, pois Deus é amor. A justiça é o substituto do amor. Quando o amor se vai, é preciso que a justiça nos proteja uns dos outros.

Perdoem a todos.

Perdoem tudo.

Perdoem sempre.

Perdoem em toda parte.

Por quê? Porque Deus o faz. Vocês não têm como gozar do Céu de Deus se não forem como Deus. É para isso que serve o purgatório: para o gozo.

58. Uma palavra

Uma só palavra significa muito mais do que todas as outras palavras deste livro e de todos os livros já escritos. Essa palavra constitui o sentido da vida, toda a nossa esperança e alegria. Essa palavra é Jesus. As outras palavras são palavras nossas; Ele é a "palavra de Deus", a única palavra de Deus para nós. Em vez de proferir discursos, Deus profere Jesus.

Jesus não é um *exemplo* de verdade, bondade, beleza, ou de qualquer outra coisa. Ele não é um *professor* da verdade, da bondade, da beleza. Ele *é* a verdade, a bondade e a beleza, "o caminho, a verdade e a vida". Ele é a verdade, a bondade e a beleza universais, encarnadas no particular.

59. Jesus, o comediante

Jesus tinha um senso de humor fantástico. Mesmo que não consigam perceber isso nos Evangelhos (mas como não o fariam?), vocês podem percebê-lo na natureza. Ele, afinal, é a mente (*logos*) de Deus que projetou a natureza. Como vocês podem olhar para um *basset hound* e não notar que Jesus é um comediante? E também alguns daqueles peixes de águas profundas — são completamente exagerados e doidos!

As duas maiores piadas de todos os tempos foram a encarnação e a crucifixão. Essas foram as duas grandes peças que Deus pregou contra o diabo. A encarnação foi seu truque de desaparecer; a crucifixão, uma bela pancada.

Mesmo se não entenderem isso agora, vocês o farão no Céu, onde rirão por último para sempre.

60. O Senhor Verdade

O Senhor Verdade é "a única coisa necessária". Se permanecerem em Sua presença, se voltarem o rosto da mente para Ele, nada de mau poderá se interpor entre vocês e Ele, pois entre o rosto de vocês e o dEle só haverá luz, e nada de mau sobrevive à luz.

Jamais fujam da verdade. Jamais deem as costas para ela. Sempre encarem a verdade, encarem a luz. Amem-na, mesmo se isso lhes parecer doloroso.

A honestidade é a primeira das virtudes porque dela todas as outras dependem. Cedam nela... e todas as outras cederão. Vermes horrendos começam a sair dos buracos de suas almas. Só a luz pode mandá-las de volta para seu lugar.

Deus é luz. Temos de aprender a ser amigos da luz, pois Ele é inescapável; haveremos ou de suportar, ou de desfrutar desse "ser de luz", e para sempre. Após a morte, não haverá mais escuridão, mais dissimulação.

Estejam prontos, portanto, para pagar o preço que for necessário para matar esses vermezinhos. São muitos.

O Senhor Verdade tem muitos servos que atuam como cavaleiros, e estes cavaleiros saem a cavalgar para matar tanto os vermezinhos quanto os grandes dragões; basta que os chamemos. Alguns dos nomes desses cavaleiros são

Honra, Justiça, Escuta, Abertura, Coragem, Autocontrole e Sabedoria.

A honestidade para com os outros começa com a honestidade para consigo mesmo. Mintam para vocês próprios e vocês necessariamente mentirão para os outros. Uma mentira dá cobertura a outra.

Do mesmo modo, a honestidade para consigo mesmo começa com a honestidade para com Deus. Vocês nunca estão sozinhos; quando a sós, estão na presença de Deus. Pois Deus é a verdade.

A verdade não é um senhor frio. Trata-se, antes, de um vulcão de amor. Verdade não é correção; verdade é Deus.

O Senhor Verdade lhes trará o Senhor Bondade, e o Senhor Bondade lhes trará o Senhor Beleza, que é também o Senhor Alegria.

A ordem não pode ser outra. Não temos como conseguir alegria e beleza às custas da bondade, muito embora frequentemente pareçamos consegui-lo. (Essa é a mentira mais bem-sucedida do diabo: a de que o pecado é divertido.) E não temos como conseguir bondade às custas da verdade, embora frequentemente pareçamos consegui-lo. (Esta é a segunda mentira mais bem-sucedida do diabo: a de que a bondade não precisa ser verdadeira bondade, mas apenas uma bondade sentida.)

Servir ao Senhor Verdade é servir a Jesus, saibam vocês disso ou não. Pois Jesus disse: "Eu SOU a verdade." Sócrates, Gandhi, Moisés e Maomé não sabiam disso; os cristãos o sabem. Uma vez que o Senhor Verdade é uma pessoa, vocês têm de pedir que os governe. Ele não virá se vocês não O quiserem e virá se assim desejarem.

Desejem, por favor.

61. As quatro dimensões

Tudo o que fazemos tem quatro dimensões.

A que vemos é o *comprimento*: o quanto leva para realizar um trabalho, o quão grande é determinado objeto material... Essa é a dimensão material, visível, externa, natural, a dimensão deste mundo. Fomos criados para trabalhar com e nesta dimensão, a fim de dar à madeira e ao espaço a forma de estátuas, ao som e ao tempo a forma de canções.

Essa dimensão é bastante real, mas como adjetivo, e não substantivo: não é a realidade como tal, mas uma dimensão dela. Não se trata de um *mundo* outro, inferior, pior, como um porão ou uma caverna. Embora seja material, toma parte na honra das outras três dimensões, que são espirituais — do mesmo modo como o corpo toma parte na honra da alma e as moléculas de uma pintura tomam parte em seu sentido e beleza.

A segunda dimensão é a *altura*: a relação com o "poder superior", com Deus, ainda que Ele seja pouco conhecido. (E, tão logo paremos de nos enganar, haveremos de reconhecer que Ele sempre é pouco conhecido.)

Todo o universo é uma obra de arte — a primeira obra de arte — que aponta para o alto, como uma espiral gótica. É essa a segunda dimensão: a que sobe. A arte aponta para o Artista. Tudo na natureza constitui a encarnação de uma ideia na mente de Deus.

A natureza sempre coincide com sua ideia divina. Só os homens, dotados como são de livre-arbítrio, podem se afastar dela, podem ser o que Deus não conhece: "Nunca vos conheci. Retirai-vos de mim." Quando optamos por coincidir com nossa ideia divina, tornamo-nos a obra-prima de Deus.

Essas primeiras duas dimensões são como as duas hastes de uma cruz: a horizontal e a vertical, a material e a espiritual, a natural e a sobrenatural, a secular e a sagrada, a deste mundo e a do outro, a humana e a divina. A terceira dimensão é a *profundidade*. Com nossos corpos vemos uma dimensão; com nossos corpos e mentes, duas. No entanto, a realidade também tem uma dimensão terceira, a qual nem o corpo, nem a mente podem ver — e essa dimensão é a profundidade. Tudo, cada pessoa sobretudo, é *maior*, é *mais profundo*, do que podemos ver. Tudo é um mar, um abismo, uma profundeza. A mais chata de todas as pessoas que você já conheceu é um deus ou deusa em potencial, muito mais excelente do que todo o universo — ou, então, um terror inimaginavelmente infernal. Tudo é mais do que parece. Só vemos a cortina à frente do palco, o primeiro contorno da onda na praia, a epiderme do corpo.

A terceira dimensão, a da profundidade, parece um tipo mais real de espaço que transcende o espaço. A quarta dimensão, a *eternidade*, parece um tipo mais real de tempo que transcende o tempo. Tudo tem uma dimensão eterna, ainda que se trate de algo temporal, pois tudo o que é real só o é porque o saber divino o trouxe à existência; e, uma vez que Deus é eterno, assim também é o seu conhecimento. Por conseguinte, tudo o que é real é eterno na mente de Deus.

Encontramos uma remota analogia na memória humana: aquele gatinho que morreu anos atrás ainda vive na sua

61. AS QUATRO DIMENSÕES

memória. Nela, vocês lhe dão uma segunda vida. Por quanto tempo? Pelo tempo em que viverem. Se a alma e a mente de vocês (e não o *cérebro*) forem imortais, também o será o gatinho — não em si mesmo, mas em vocês. Vocês são o Deus do mundo e o mundo de Deus. Nada se perde quando é amado; pois, se é amado, é também recordado, e tudo o que é recordado transcende o tempo.

É só no tempo que algo se perde. Num romance, os personagens ficam velhos e morrem; a juventude, a felicidade e a vida se vão. Não, contudo, na mente e no amor do romancista! Bem, a vida é como um romance do qual Deus é o autor, de modo que o romance não existe apenas em si mesmo (nas três primeiras dimensões), mas também na mente de quem O fez. É essa a quarta e eterna dimensão.

Talvez sejam essas as quatro dimensões que São Paulo tinha em mente em Efésios 3, 18. Esse versículo ao menos lhes diz *do que* elas são dimensões. Do quê? Leiam.

62. "Religião"

Não existe isso de "ser religioso" ou "ser espiritual". Existe a verdade e existe a falsidade. Existe o bem e existe o mal. Existe a beleza e existe a feiura. Existe a vida e existe a morte. Não existem, porém, uma "espiritualidade" e uma "materialidade", ou o "sagrado" e o "secular". Essas são abstrações artificiais, feitas por mãos humanas, criadas pela mente. As outras, não: estas outras são as importantes.

Por que, então, existem ações "religiosas" especiais — isto é, a liturgia? E palavras "religiosas" especiais — o credo? E períodos "religiosos" especiais — os sabás? E lugares "religiosos" especiais — as igrejas? Tudo isso é um lembrete daquilo que é real sempre e em todo lugar. Não são férias da realidade, como uma espécie de oásis no deserto. Toda a vida é uma liturgia. Todas as palavras são credos. Todos os períodos são sabás. Todos os lugares são igrejas. No entanto, nós todos sofremos do transtorno do déficit de atenção. Nós nos esquecemos. E, a menos que vejamos Deus em lugares e momentos especiais, esquecer-nos-emos de vê-lO em qualquer lugar e qualquer momento.

Nenhuma verdade universal puramente abstrata fica registrada em nossa consciência se não tiver vínculo com algo concreto em particular. É por isso que Deus teve de escolher certos profetas de certo "povo escolhido", de encarnar-

62. "RELIGIÃO"

-se num homem particular — um homem, e não todos os homens ou a "humanidade". E por isso teve Ele de fundar uma Igreja particular, visível, concreta.

A religião é um respirar e Deus, o ar. O ar de fato existe, e nós de fato precisamos dele, de forma que respirar é ter saúde, é viver na realidade. Ninguém acha que quem respira é estranho ou fanático. A religião, porém, é para a alma o que respirar é para o corpo. Pois Deus certamente é tão real, onipresente e necessário quanto o ar.

63. Os nuncas

Nunca deem as costas para o mar.
Nunca usem a rainha para capturar o peão que fica perto da rainha.
Nunca mostrem o dedo do meio para outro motorista.
Nunca comam sanduíches de maionese se foi outra pessoa quem os preparou.
Nunca saiam por aí com uma vara de pescar sem terem fixado os anzóis primeiro.
Nunca façam a barba com pressa.
Nunca se queixem de terem sido enganados por aqueles que amam. Não há mal nenhum em ser o Charlie Brown tentando chutar a bola, mas é bem ruim ser a Lucy que segura a bola para ele chutar. O coração de vocês irá se partir, mas é melhor ter um coração partido do que não ter coração nenhum ou ter um coração inquebrantável.
O mundo inteiro é como torcer para um time que só é campeão de vez em quando. Ele nos decepciona e nos faz mais sábios, embora de vez em quando deixem de fazê-lo.

64. Trabalho e diversão

Eis umas coisas bem simples.

Tempo é vida. É por isso que a gestão do tempo é importante para a vida.

Regra #1 da gestão do tempo: primeiro o trabalho, depois a diversão. Façam primeiro o que detestam e precisam fazer. Isso lhes proporciona seis vantagens:

1. O trabalho não será apressado. Vocês não ficarão pensando: "Só tenho uma hora pela frente... Fiquei tempo demais me divertindo."

2. O trabalho não ficará sob a sombra daquele ressentimento que nasce por não poder se divertir mais.

3. O trabalho será mais proativo e menos reativo, pois vocês terão *optado* por concluí-lo antes do tempo.

4. A diversão não ficará maculada pela inconsciente preocupação de que não dará para concluir o trabalho. É mais divertido divertir-se quando se está isento de preocupações e quando se sabe que o trabalho foi concluído.

5. A diversão lhes parecerá uma justa recompensa. Vocês não se sentirão culpados.

6. Vocês enfrentarão e cumprirão as obrigações que têm em vez de fugir delas.

Há outras regras também, e bastante óbvias. Por exemplo, elaborem listas factíveis — por duas razões: para que não esqueçam e não se aflijam por terem esquecido; e para que se sintam bem por terem concluído coisas específicas.

65. Morrer e começar

Esta é para ser dobrada e lida quando vocês ficarem velhos.
Quando é que vocês ficam velhos? Quando pensam: "Estou ficando velho."
Os começos são sempre repletos de esperança e, portanto, de felicidade. Há em nós muito sorriso e muita energia quando dos começos.
Os términos são o contrário, a não ser que se trate do fim de coisas más. Os términos são tristes. O fim do verão traz o fim dos dias de praia. O fim do campeonato traz o fim dos jogos. E quanto ao fim da vida?
A morte é o fim da vida (neste mundo), mas também seu início (no outro). Vocês podem encará-la, portanto, das duas maneiras, a exemplo do copo d'água que está meio cheio ou meio vazio.
Quando olhamos para a morte como fim, ficamos naturalmente tristes, e com razão — não importa se tivemos uma vida boa ou ruim. Se foi ruim, ficamos tristes ao pensar no que poderia ter sido. Se foi boa, ficamos tristes por não ser mais o que foi.
Porém, quando vemos a morte como um começo (o que também é verdade), voltamos a ser criancinhas felizes às margens do grande mar de Deus, brincando com Suas ondas.

Deus escreveu a história da vida humana como um *thriller* em série. Este é apenas o primeiro fascículo e termina com um florescimento dramático (a morte é sempre dramática) e com um "Continua...".

O que torna a morte esperançosa? Morrer é encontrar Deus. Por que ficamos felizes e esperançosos quanto a este encontro? Só há duas razões possíveis. Ou porque somos tolos e não sabemos o quão santo é Deus e o quão iníquos somos nós, ou porque conhecemos Cristo.

Se somos tolos, achamos que Deus é muito parecido conosco ou que somos muito parecidos com Deus. Acreditamos que Deus é transigente e covarde como nós, ou que somos santos, perfeitos e divinos como Deus.

Se não somos tolos, somos sábios. Qual é o início da sabedoria? "O temor de Deus é o início da sabedoria", como diz seu próprio manual de instruções — mas não de acordo com grande parte dos nossos. Qual dos dois, portanto, vocês acham que é o mais preciso?

O temor (assombro), porém, não é senão o princípio da sabedoria, e não o fim. O amor é o fim.

Que amor? O de Deus. Nosso amor é fraco demais para ser "o fim (a consumação) da sabedoria". É esta a razão de nossa esperança: o amor dEle, e não o nosso. Cristo, e não os cristãos. A graça de Deus, e não nossas obras. A misericórdia, e não a justiça. Apenas os tolos anseiam por justiça quando morrem.

O amor de Deus tem nome, rosto... e uma cruz. Ele não apenas fala, mas faz.

66. Por que vocês existem

Por "vocês", não quero dizer os seis ou sete bilhões de seres humanos, mas vocês, estes meus quatro filhos absolutamente únicos. Acho que vocês deveriam saber por que existem. Eu não passaria de um salteador se não lhes desse essa informação.

Vocês existem porque sua mãe e eu dissemos "sim" a Deus muitos anos atrás. Dissemos a Deus: "Seja Deus. Faça o que tem de fazer. Crie. Dê a si mesmo os filhos que deseja. Nós os queremos também. Use-nos como instrumentos seus. Não atrapalharemos."

E, quando dissemos isso a Deus, Deus disse isto a nós: "Eu os criarei, e vocês os procriarão. Eu os amarei até trazê-los à existência e usarei o afeto de ambos para isso. Criarei um John, uma Jenny, uma Katherine e uma Elizabeth, e também criarei outros dois que levarei diretamente para o Céu antes de que nasçam em seu mundo, de modo que vocês terão os seis filhos que sonharam e me pediram, mas de forma ainda melhor do que tinham imaginado. Vocês, porém, não terão e não poderão perceber como o meu jeito foi melhor do que o seu enquanto estiverem nessa terra de sombras. Terão de confiar em mim."

Não importa os filhos que vierem a ter: faça com eles o que fiz a vocês. Contem a eles por que existem: porque vocês deixaram Deus fazer as coisas à sua maneira. Sempre que fazemos isso, grandes coisas acontecem: coisas como vocês.

67. Orações para crianças

Sem oração não há religião, do mesmo modo como sem comunicação não há amizade.
Deus só nos transmitiu uma oração da própria boca: "a oração do Senhor". Ele sabe o que está fazendo, então essa deve ser a oração perfeita. Deus nos deu seu e-mail; se, portanto, quisermos entrar em contato, basta usá-lo.
As criancinhas, porém, não entendem palavras antigas.
Isso não é ruim. As palavras são excelsas e sagradas, dando forma ao inconsciente mesmo quando não se imprimem no consciente.
Nós, contudo, precisamos de um entendimento consciente também. Eis, portanto, uma versão simples para as crianças memorizarem ou anotarem. Devem recitá-la logo ao acordar e imediatamente antes de dormir. O hábito de dizer ao menos uma oraçãozinha todo dia é metade do caminho andado.

Pai nosso do Céu,
Santificado o seu nome!
Venha seu Reino!
Sua Vontade seja feita
Na terra como é no Céu!
Dê-nos hoje

O que precisamos hoje.
Perdoe nossos pecados,
Assim como perdoamos os outros.
Livre-nos do mal
E de fazer o mal,
Pois você é o Senhor de tudo.

68. Simplifiquem as coisas!

"A vida é complicada demais."
Não, não é. Nós é que complicamos as coisas. Carros, computadores e códigos são complicados. Pássaros, abelhas e praias, não. A vida é maravilhosamente simples:
Há o bem e há o mal. Amem o bem.
Há a verdade e há a falsidade. Amem a verdade.
Há a beleza e há a feiura. Amem a beleza.
Há a vida e há a morte. Amem a vida.
Há o amor e há o ódio. Amem o amor e odeiem o ódio.
Há a honestidade e há a desonestidade. Amem a honestidade.
Assim vocês serão profundamente felizes, saberão que fizeram as escolhas certas e que a vida não precisa ser complicada.
Mas vocês só saberão disso se o praticarem.

69. Terapia para o medo

Quando ficarem com medo, prestem atenção à primeira coisa em que baterem os olhos, àquilo mesmo que estiver à sua frente — à coisinha que for: uma pedra, um dedo, um inseto. Prestem bem atenção, e não apenas fiquem pensando em prestar atenção. Prestem de verdade. Dediquem tempo. Um minuto inteiro.

E escutem. Vocês talvez ouvirão nela ou por trás dela o murmurejar de um grande segredo, um segredo do qual ela é mais um entre bilhões de mensageiros, o segredo de uma beleza maior que o universo, da qual cada coisinha é um parte pequena, inclusive essa coisinha bem à frente de vocês.

Ora, essa coisa da qual vocês têm medo é, também, uma coisinha dessas. Assim como vocês.

Deus ama as coisas pequenas e toma conta delas. Dos pardais, dos fios de cabelo...

Ele é maior. É mais forte.

70. Diminuam o ritmo

Diminuir o ritmo para fazer bem uma ou duas coisas, dando a elas toda a sua atenção, é muito mais satisfatório do que ficar por aí como um polvo. Ficar como um polvo é tentar fazer oito coisas simultaneamente a fim de ganhar tempo. Você pode muito bem fazer isso, mas apenas se for um polvo.

Por que agimos assim? Porque achamos que, quanto mais coisas fazemos ao mesmo tempo, mais perto ficamos de estar em toda parte, e não apenas num lugar só. Só Deus, porém, se encontra em toda parte. Não é divertido tentar ser Deus.

Por que nos apressamos? Porque acreditamos que, quanto mais rápido nos movemos, mais perto ficamos de estar em todos os lugares ao mesmo tempo. Só Deus, porém, se move rápido o suficiente para estar em todos os lugares ao mesmo tempo. Não é divertido tentar ser Deus.

Em vez disso, sejam vocês mesmos. Isso exige que vocês "diminuam a marcha". Há rosas a serem cheiradas. Por que vocês acham que Deus as colocou ali? Para os anjos? Anjo não tem nariz.

71. "Seja bom." "Por quê?"

Essa é a grande questão da ética. Nietzsche ousou levantá-la e não lhe deu resposta nenhuma. Na verdade, ele disse que é mau ser bom e bom ser mau.

Deus, contudo, nos ofereceu uma resposta. "Sejam santos porque eu, o Senhor Deus, sou santo."

Deus tem o costume de responder a perguntas que nunca fizemos, de modo a que aprendamos a fazê-las. Por exemplo, a criação responde à pergunta: por que existe tudo em vez de nada? Apenas aqueles que tiveram a resposta fizeram a pergunta: os judeus e os cristãos, e não os gregos e romanos.

Ser santo como Deus é santo não consiste num idealismo deslumbrado, mas num realismo puro. Deus é a pedra de toque da realidade. Nós devemos ser bons porque devemos ser reais.

Que outra resposta serviria? "Seja bom porque isso o fará feliz"? Mas ser bom não fará ninguém feliz se não se trata de algo real, se a realidade última não for Deus ou se Deus não for bom. Pois não é possível ser feliz de verdade sem ser real.

E quanto ao "seja bom com os outros porque os outros serão bons com você"? Pois eles não serão! Na verdade, se forem muito bons com eles, eles odiarão vocês ainda mais

71. "SEJA BOM." "POR QUÊ?"

e chegarão a crucificá-los, pois não suportam estarem errados ali onde vocês estão certos. As pessoas perdoarão vocês por estarem errados, mas jamais os perdoarão por estarem certos. Vocês não leram a vida dos santos? Não estudaram história? Não ouviram falar dos mártires?

Mas e o "seja bom para os outros porque é assim que construímos a justiça, a paridade, a igualdade, a democracia, a civilização, a comunidade, os direitos, o respeito..."? Certo, certo... Mas o que vocês dirão à Nietzsche, que ousa dizer que não está nem aí para essas coisas? Tudo o que vocês podem falar é: "Tenho preferências diferentes das suas." Ao que ele lhes diz: "Eu sei que sim. E não ligo nem um pouco para elas." O que vocês fazem? Dizem que não ligam para as dele também?

Se disserem: "Mas o senhor está sendo injusto e irracional", ele responderá: "Estou mesmo. E daí? Por que estão impondo seus valores sobre mim? Por que estão me julgando?"

Se disserem que a justiça (e o respeito, e todas aquelas coisas) é o motivo para que sejam bons, então vocês não poderão dizer que devem ser justos porque isso é bom, uma vez que acabaram de dizer que deveriam ser bons porque isso é justo. Vocês estarão raciocinando em círculos. Vocês ficaram presos num ponto. E esse ponto é Deus.

O que acontece quando um círculo toca um ponto? Encostem um balão num alfinete e vejam o que acontece.

72. Coisas simples

O que são as coisas simples? São aquelas que são unas, e não divididas. Trata-se daquelas coisas que não são compostas e, portanto, não se podem decompor. São autênticas e não podem ser desmascaradas. (Só os mascarados podem ser desmascarados.) São as coisas puras, sem máculas.

As coisas simples são as mais belas e, portanto, aquelas que nos fascinam e nunca nos cansam — coisas como o fogo, a cor púrpura, um gato, uma onda. As coisas simples não têm lacunas, buracos, juntas. Não é possível desmontá-las. Vocês não podem desmontar um gato do mesmo modo como desmontam um brinquedo.

Nós precisamos das coisas simples. Elas nos são absolutamente necessárias. Também precisamos das coisas complexas, mas apenas relativamente, e não de modo absoluto. Precisamos das coisas complexas para que sirvam às coisas simples, e não para serem servidas por elas. Damos brinquedos aos gatos, e não gatos aos brinquedos. As coisas complexas são relativas; as simples, absolutas. O número 1 não é relativo a 1/3, mas 1/3 é relativo a 1. Trata-se do 1 complicado pela adição do "dividido por 3".

Deus é simples, não complexo. Não é dividido ou divisível. O Pai, o Filho e o Espírito não são três partes de Deus. Deus não tem partes. Ele não é uma unidade numérica, como um conjunto de tercetos ou um terceto. Ele é uno pelo amor. ("Deus *é amor*.") Seu 3 *é* 1 e Seu 1 *é* 3. Ele existe de tal maneira que é a unidade da unidade tanto quanto é a unidade da trindade.

As coisas simples nos fazem felizes porque nos levam para além do tempo. Elas *recendem* a eternidade. São impermeáveis ao progresso e, portanto, ao retrocesso. Nunca figuram na manchete dos jornais. Qual foi a última vez em que vocês viram a notícia de um menino que brincava com uma vareta e uma pedra às margens do rio?

O amor é a mais simples de todas as coisas, e o *ágape*, o amor da benevolência simples e abnegada, é o mais simples de todos os amores. Eis por que Deus é infinitamente simples. Simples demais para que nós, criaturas complexas, possamos entendê-lO.

73. Entendimento

A primeiríssima descoberta filosófica que fiz, o primeiro fragmento original de sabedoria que descobri, lá pelos oito anos de idade, foi este: "Um pouquinho de entendimento é melhor do que um monte de resignação." Descobri isso por ocasião de uma discussão que vinha tendo com minha mãe com base no que me parecia ser sua longa incapacidade de me entender.

Gostaria de ter seguido mais vezes este meu conselho com minha própria família, pois todos nós queremos ser entendidos, e não tolerados. Uma das palavras que mais frustram ouvir é: "tanto faz". Trata-se de um fraco substituto para o entendimento. Ou melhor: sequer se trata de um substituto, mas de um repúdio, de uma recusa a entender. De "tolerância". Que covardia e frouxidão de nossa cultura colocar a tolerância num patamar tão alto, contentar-se com isso! Ela é melhor que a intolerância, é claro, mas praticamente qualquer outra virtude também o é.

Existe algum segredo para o entendimento? Para entender qualquer coisa, até mesmo pessoas? Sim. E é este: o entendimento só acontece com um esforço deliberado, resoluto. A atenção só é um ato da mente porque é governada pela vontade.

74. Se

Se os esposos fossem tão gentis entre si como são com estranhos...

Se fôssemos bons uns para com os outros do mesmo modo como nossos cães o são...

Se fôssemos bons uns para com os outros como somos para com nossos cães...

Se cuidássemos de nossas almas do mesmo modo como cuidamos de nossos corpos...

Se cuidássemos de nossos corpos do mesmo modo como cuidamos de nosso dinheiro...

... seríamos, então, quase sãos.

75. A vida é uma fritada de peixe

E a todo momento Deus espera pacientemente, com um senso de humor cósmico, fritando cuidadosamente Seus peixinhos (nós), virando-os pouco a pouco até que fiquem prontos — sem apressá-los, sem quebrá-los, sem errar a mão no tempero, sabendo exatamente de quanta atenção e dor precisamos para ficar macios. Então, depois do que nos parece ser um monte de tempo perdido e um monte de sofrimento, saímos da frigideira do purgatório e descobrimos que Ele nos fez capazes não apenas de suportar, mas também de desfrutar de nossas limitações e imperfeições, das limitações e imperfeições alheias e das limitações e imperfeições da terra; também percebemos que, não fossem esses limites contra os quais nos chocamos repetida e ressentidamente, às custas de muita pele e de muito sangue de nosso ego, nossas identidades não teriam sido esculpidas e nossas almas seriam como espaguete empapado.

Deus faz isso conosco apesar de nos debatermos e pularmos na panela — e o faz por meio de outras pessoas, que são as espátulas com que Ele nos vira na frigideira. Também nós somos espátulas que Ele usa para "fritar" os outros. Uma lição de humildade:

"Você serve para o quê?"

75. A VIDA É UMA FRITADA DE PEIXE

"Para ser uma espátula."
"Para o quê?"
"Para virar as pessoas como peixes na frigideira, mesmo quando elas querem ficar em paz."
"Como assim 'virar as pessoas'? De propósito?"
"Não, não de propósito; estou apenas sendo eu mesmo."
"Ah, mas isso é uma coisa boa: ser você mesmo."
"Não parece tão bom para o peixe."
"Não estou entendendo. Você acha que ser você mesmo deixa as pessoas irritadas?"
"É claro! Somos peixes, e não peças de um quebra-cabeça. Nós não nos encaixamos. Nossas protuberâncias batem nas protuberâncias dos outros peixes. E isso é precioso."
"Precioso? Você disse que isso irrita as pessoas. Como pode ser precioso? Não entendo."
"Você não é casado, é?"
Nós só nos tornamos pedras preciosas no esmeril.

76. Como alcançar a paz e a justiça social

Alguns dizem que o caminho para a paz é a justiça. Outros, que o caminho para a justiça é a paz. Eu, por minha vez, digo que o único caminho para a justiça, seja entre as nações ou entre indivíduos no seio do lar, consiste em parar de exigir justiça e procurar o perdão. Procurá-lo e dá-lo. É difícil chegar da injustiça à justiça em lugares como a Palestina, mas é sempre possível chegar ao perdão. Afinal, não podemos chegar à justiça apenas optando por ela, mas podemos chegar ao perdão fazendo uma escolha. Os israelenses e palestinos em guerra jamais deixarão de se acusar de injustiças, pois ambos têm razão. Cada lado continua cometendo injustiças um contra o outro. Esse é um dado elementar, ainda que um dos lados venha a ser mais injusto que o outro, ainda que um dos lados tenha "começado". Eles jamais chegarão a uma justiça mutuamente aceitável. Tampouco isso acontecerá com qualquer par de esposos, amigos ou nações em pé de guerra. Quanto mais exigimos justiça, quanto mais exigimos nossos direitos, tanto mais difícil é obtê-los, a não ser pela força. O único caminho para a paz é o perdão radical. Jesus não falou em justiça, mas falou em perdão.

77. Paz

No entanto, a não ser que já estejam em paz consigo mesmos, vocês não conseguirão trilhar esse caminho do perdão que leva à paz. Em vez disso, acabarão por projetar a guerra que travam consigo sobre os outros.

Thomas Merton diz que não ficamos em paz com os outros porque não estamos em paz com nós mesmos, e não estamos em paz com nós mesmos porque não estamos em paz com Deus. Eis todo o problema em apenas duas frases.

Por que tenho de trazer Deus à equação? Eu não trouxe Deus a ela; Ele *está* nela, em seu centro, porque nos toca no centro mesmo do eu, onde somos sujeitos em vez de objetos: um "eu", e não "ele" ou "ela". Agostinho afirma que Ele "é mais íntimo de mim do que eu mesmo". É por *isso* que Merton está certo.

78. Por que precisamos da infelicidade

Os músculos de vocês só ficam mais fortes com exercícios, e exercitar-se nada mais é do que lidar com a resistência, com superfícies que se opõem aos músculos. Os boxeadores precisam de parceiros com quem treinar. Nossas almas também são boxeadores e precisam enfrentar as dificuldades. Os músculos da alma são a coragem e o caráter. Eles só se fortalecem por meio do esforço e da dor. Na realidade, só ficam fortes após algumas derrotas, pois a força da alma é a sabedoria, e a sabedoria vem do sofrimento. É com nossos erros que aprendemos mais.

Vocês não têm como ser profundamente felizes sem uma alma profunda e forte. Vocês não terão uma alma profunda e forte sem uma profunda infelicidade. Por conseguinte, vocês não têm como ser profundamente felizes sem terem sido profundamente infelizes.

Saber disso não leva a infelicidade embora. Se levasse, levaria a felicidade consigo também.

A sabedoria não é uma droga para a dor. No entanto, faz com que você levante da cama em vez de desistir, de inventar desculpas e de ficar resmungando.

79. Por que a honestidade é a mais importante das virtudes

Porque é o começo. Não o fim, que é o que há de mais elevado. O amor é o fim. A honestidade, porém, é o começo, porque é a exigência da verdade, e o amor precisa da verdade porque deve ser não apenas amor, mas o amor verdadeiro.

Tanto a honestidade quanto seu contrário, a desonestidade, são ilimitados. Não são como uma montanha e um vale, mas como o dia e a noite: podem se espalhar sobre *tudo*.

A luz da honestidade espanta toda escuridão, limpa toda sujeira oculta. E a noite da desonestidade esconde tudo, tanto as coisas belas quanto as feias.

É melhor ser um arruaceiro, um ateu e um pessimista honesto do que um prestativo, fiel e otimista desonesto. Afinal, a exemplo do sol nascente, a honestidade acabará por expor e revelar todos os pontos escuros, os quais morrerão sob a luz como o Drácula. A desonestidade, por sua vez, pouco a pouco infectará todas as coisas boas e sugará todo o seu sangue, transformando-as em mortos-vivos. Desencadear-se-á um medo oculto da exposição, uma fuga, uma desconfiança, uma evasão, que permearão a vida inteira como um nevoeiro.

Não fomos feitos para a escuridão, mas para a luz. Nossa pátria é o país dos anjos resplandecentes, e devemos aprender a suportar cada vez mais luz à medida que nos aproximamos de casa.

80. A mais profunda sabedoria

No cume da montanha da sabedoria encontra-se a cabaninha de um *hobbit*.

"Eu te amo" é algo que mesmo as pessoas dotadas das deficiências mais graves podem dizer com os próprios olhos. Ainda assim, é impossível que o maior sábio do mundo profira algo mais profundo.

Esta é a frase mais simples de todas porque é a que mais se aproxima da fala de Deus. O que Deus continua a nos dizer em cada bebê, em cada onda, em cada gota de chuva, em cada nevasca, em cada estrela, em cada rosa, sem parar, com uma paciência infinita para que possamos entendê-lo, é: "Eu te amo. Eu te amo. Eu te amo."

"Eu te amo" foram as últimas palavras que meu pai falou para mim. Farei delas as minhas últimas palavras a vocês.

81. Último recurso

Às vezes, a única solução possível para um problema que está quase fazendo vocês perderem os cabelos ou socarem a parede é a seguinte prescrição:

1. Respirar fundo dez vezes.
2. Um banho quente.
3. Uma taça generosa de um bom vinho.
4. Uma boa noite de sono.

Depois de a paciência, a filosofia e a oração parecerem não funcionar, tentem ouvir o próprio corpo.

82. Gratidão

Quando percebemos que "tudo é graça" — a começar pela nossa existência e culminando em nossa salvação —, desejamos poder dar algo em troca a Deus. Mas o quê? Ele é perfeito e não necessita de nada.
Tenho três soluções.

1. Ele não precisa de nada, mas quer algo. Ele o quer tanto que se meteu em apuros inimagináveis para consegui-lo. (Assistam ao filme do Mel Gibson novamente.) Ele quer nossa confiança e nosso amor. Essas são as únicas coisas que Deus não pode dar a Si mesmo, pois Ele não é nós.

2. Deus nos deu algo que podemos dar a Ele, como o pai rico que dá a seus filhos um pouco de dinheiro para que possam comprar-lhe presentes de Natal. Na verdade, esse algo que nos deu vale mais do que todo o universo criado, e isso mesmo se incluirmos todos os seres humanos e todos os anjos. Ele deu-Se a Si mesmo em Jesus. A Missa é nossa oferta desse dom perfeito, o único dom perfeito, a Deus, em ação de graças por esse mesmo dom que nos foi dado. "Eucaristia" *significa* "ação de graças".

3. Podemos até mesmo tirar Deus de um aperto, de um dilema. Seu dilema é este: o amor sempre quer que o amado *fique* bem e se *sinta* bem (isto é, feliz). Para que sejamos

felizes, Deus muitas vezes tem de fazer com que nos sintamos infelizes, pois nos esquecemos dEle quando estamos felizes e confortáveis e só voltamos a Ele quando não estamos assim.

Deus não gosta de ver Seus filhos sofrendo, do mesmo modo como não gostamos de ver os nossos. No entanto, Ele *tem* de permitir que soframos porque, caso contrário, nos esqueceríamos dEle e sofreríamos mais. Por conseguinte, se nos lembrarmos dEle com gratidão quando as coisas forem bem, Deus não terá de nos chacoalhar para que acordemos, e tanto Ele quanto nós ficaremos muito mais felizes.

Nós realmente podemos fazer Deus feliz ao sermos gratos. Realmente podemos fazer algo por Ele, pois, muito embora seja eterno, Ele é amor, e o amor se importa. O amor não é insensível.

Nós não podemos chantageá-lO, não podemos entristecê-lO como uma criancinha mimada que prende a respiração até o rosto ficar azul e assim preocupa a mãe. No entanto, embora não possamos deixá-lO infeliz, podemos fazê-lO feliz. Sua felicidade já é infinita, mas podemos aumentá-la, podemos acrescentar algo ao infinito. Não é possível subtrair nada ao infinito, mas é possível acrescentar-lhe algo. Esse acréscimo pode se dar infinitamente.

83. Três pensamentos estúpidos

Eis aqui três coisas sobre as quais as pessoas pensam demais. Não se trata de pensamentos estúpidos em si — na verdade, os três são bastante profundos —, mas em geral os pensamos em excesso, e isso é uma estupidez porque todos os três são remédios, e não comida, e em geral os tratamos como comidas. É meio estúpido pensar em remédios tanto quanto pensamos em comida.

A primeira é a *liberdade*. O sábio raramente fala em liberdade porque o sábio é alguém que ama, e quem ama não fala em liberdade. Quem ama deseja prender-se, e não libertar-se. Não busca a liberdade porque, como alguém que ama, já é livre.

A segunda são os *direitos*. O sábio raramente fala em direitos pelo mesmo motivo: quem ama não exige os próprios direitos, mas os do amado. Ele pensa nos direitos de quem ama, mas apenas quando estão sob ameaça.

Mesmo a ideia de *fazer* direito, em vez de *ter* direitos, não é tão importante quanto achamos, ao menos no que diz respeito aos relacionamentos. Errar às vezes é muito menos perigoso a um relacionamento do que não fazê-lo. As pessoas lhes perdoarão por estarem errados, mas não por estarem certos. Elas os compreenderão e aceitarão facilmente quando errarem, mas não tão facilmente quando vocês estiverem certos. Às vezes, "nenhuma ação boa fica impune". Isso acontece porque, quando vocês são maus, eles se sentem bem consigo mesmos, uma vez que são melhores que vocês; quando, porém, vocês são bons, eles se sentem mal, dado que vocês são melhores.

A solução não consiste em ser mau e não fazer as coisas direito, mas em parar de *pensar* em fazer as coisas direito, ou mesmo sobre ser bom, e apenas *fazê-lo*.

A terceira ideia sobre a qual pensamos demais é a do *eu*. A autoconsciência nos faz humanos, é claro, mas também bagunça as coisas. Em geral, pensamos nisso exatamente quando não deveríamos fazê-lo: quando estamos agindo bem, e não quando estamos agindo mal. A autoconsciência interrompe o que estamos fazendo, e por isso deveríamos usá-la para interromper o mal, e não o bem. Em vez disso, pensamos: "Ah, como estou sendo bom!" — e isso interrompe a bondade. Deveríamos, antes, pensar: "Como estou sendo idiota!", o que daria fim à idiotice.

Precisamos de uma autoanálise periódica, é claro, a fim de verificar como estamos cumprindo determinada tarefa. Quando, porém, trata-se da tarefa da vida, deparamo-nos com um dilema. Eis o dilema e a maneira de resolvê-lo.

Na verdade, trata-se de um trilema. A possibilidade #1 está em conferir a si mesmo uma nota alta: estou indo muito bem, sou uma pessoa muito boa. Noutras palavras, sou um dom de Deus para vocês todos. Sou um fariseu e me orgulho de minha humildade.

A possibilidade #2 consiste em dar a si mesmo uma nota baixa: sou um fracasso, não presto, sou ruim. Todos sabemos o quanto *esse* pensamento deixa tudo um caos. Uma a cada mil vezes, talvez consiga nos sacudir de modo a suscitar uma contrição e uma mudança honestas, mas nas outras

83. TRÊS PENSAMENTOS ESTÚPIDOS

999 vezes o que acontece é que escamoteamos as coisas, arrumando vícios ou despejando o ódio que sentimos por nós mesmos sobre os outros. O pensamento de que "sou pior do que vocês" protege a si mesmo com palavras e ações que dizem: "Vocês são piores do que eu."

A possibilidade #3 consiste em dar a si mesmo uma nota medíocre — nem quente, nem fria, mas morna, sem graça. Isso pode ser ainda pior do que as outras duas possibilidades, pois faz com que vocês pareçam um carro sem combustível, sem paixão, sem destino.

A solução para o trilema é simples: deixem que Deus julgue vocês e os outros. Não julguem. Só façam o que têm de fazer, esqueçam a si mesmos. Deus deu um eu a cada um para que cada um possa ver o eu dos outros, assim como nos deu olhos para que possamos ver os olhos alheios. Um globo ocular encravado é tão feio e doloroso quanto uma unha encravada. Não sejam hipocondríacos espirituais.

84. Como lidar com pessoas difíceis

O que fazer quando alguém insulta vocês?
Elogiem-nas.
O que fazer quando alguém machuca vocês?
Ajudem-nas.
O que fazer quando alguém rejeita vocês?
Aceitem-nas.
Elas insultam, machucam e rejeitam porque são fracas. Vocês devem elogiar, ajudar e aceitar porque são fortes.
E, acima de tudo, lembrem-se de que, para todos os outros que estão lendo isso, entre as "pessoas difíceis" estão vocês.

85. Todos os pais cometem erros, menos Um

Acabei de ler isto numa das cartas de Tolkien a seus filhos já crescidos: "Vivo ansioso a respeito de meus filhos, os quais, num mundo mais difícil, cruel e falso do que aquele em que sobrevivi, hão de sofrer mais agressões do que eu. [...] Eu criei vocês muito mal e conversei com vocês muito pouco. [...] Fracassei como pai. Agora rezo incessantemente por vocês, para que o Médico possa curar meus defeitos."

Joseph Pearce, biógrafo de Tolkien, comenta: "É impossível não ficar com a impressão de que Tolkien estava sendo indevidamente duro ao ver a si mesmo como um pai fracassado. Quaisquer que tenham sido as falhas que demonstrava, elas devem ser contrabalançadas pelas afirmações daqueles que se lembram dele como um pai amoroso e cuidadoso."

Pearce ainda era jovem quando escreveu isso. Quando tiver a idade que Tolkien tinha quando da redação da carta, ele irá compreendê-lo, e talvez venha até a escrever uma igual para seus filhos. Que pais olham para trás e se sentem satisfeitos com os próprios esforços? Só os que não passam de uns tolos rasos e materialistas. ("Meus filhos nunca deixaram de ter os brinquedos que os outros tinham!")

Bons pais nunca ficam felizes com seus esforços por amar e compreender os filhos, mas ficam felizes com os filhos. Como podemos ficar felizes com o resultado de nossos esforços, mas não com os esforços propriamente ditos? Fazemo-lo porque, de todo o bem que há em nossos filhos hoje, 1% se deve a nós, 2% a eles e 97% à graça divina.

Só há um Pai perfeito. E mesmo os filhos dEle fazem uma bagunça danada. Todos os filhos.

86. O melhor presente para seus filhos

Quando vocês se tornarem pais, a melhor coisa que poderão fazer pelos seus filhos é amar a mamãe.

Quando se tornarem mães, a melhor coisa que poderão fazer pelos seus filhos é amar o papai.

Imprimam pegadas retas e belas, pegadas nas quais outros também pisarão.

87. Conselho matrimonial numa palavra

A queixa mais frequente dos casais nas terapias familiares é: "O amor acabou." A resposta a esta queixa é uma única palavra: "Amem."
O amor não vem e acontece, como a chuva. Você ama.
Mas o amor não é um sentimento? Não. Isso seria o mesmo que dizer que a flor é um aroma.

88. Duas filosofias de vida

Filosofia #1: a vida não presta, as pessoas não prestam; e, se numa certa manhã vocês acordarem e descobrirem que tudo está belo e as pessoas se amam, ou estarão sonhando, ou mortos.

A lógica pode demonstrar que a vida é triste. Pois ou a vida é triste, ou feliz; e, se a vida é triste, então ela é triste; e, se a vida é feliz, então ela é ainda mais triste, porque uma hora chega ao fim.

Filosofia #2: a vida é bela e as pessoas se amam; e, se um dia você perceber que tudo é uma droga, você estará tendo um pesadelo.

A lógica pode demonstrar que a vida é feliz. Pois ou a vida é feliz, ou triste; e, se a vida é feliz, então ela é feliz; e, se a vida é triste, então ela é feliz também, pois a tristeza há de chegar ao fim.

A escolha é de vocês. A lógica estará a seu favor de qualquer forma.

89. Grande bosta!

Não se trata de um insulto, mas de uma constatação: a bosta é grande e sagrada.
Porque tudo o que Deus faz é grande e sagrado.
Porque expirar o ar ruim é tão sagrado quanto inspirar o ar bom.
Porque as coisas mais humildes são as mais sagradas.
Porque as coisas mais terrenas são as mais celestes.
E porque, mesmo quando "bosta" for um eufemismo para "algo ruim", também aí ela será sagrada, porque Deus usa as coisas ruins para nos salvar. (Leia o Livro.)

90. A escada de Jacó

"Este é um lugar santo, e eu não o sabia", disse Jacó após ver a escada por um instante, com os anjos subindo e descendo por ela.

A escada é o mundo inteiro. Todo lugar é sagrado. Todo lugar está cheio de anjos.

Ela também é Jesus. Ele o disse. Está lá no Evangelho de João. Deem uma olhada. Não vou dizer onde está para que vocês tenham de ler o livro todo para descobrir.

91. Perdoem

Não houve um só dia na minha vida em que eu tenha sido meu verdadeiro eu, a pessoa que eu gostaria de ser, isto é, a pessoa que Deus gostaria que eu fosse.

Todo dia eu deixei de ser eu mesmo para Deus, para mim mesmo e para vocês. Estou certo, porém, de que vocês me perdoarão, uma vez que Deus me perdoou e vocês não vão querer discordar de Deus...

Ele fará com que eu seja plenamente eu no Céu, e então serei capaz de ser eu mesmo para vocês.

A nossa esperança é o perdão, e não as conquistas e o sucesso. Ondas sem fim de perdão. E, depois, ondas de riso.

92. O que fazer dez vezes ao dia para ser feliz

Primeira premissa: ficamos felizes quando estamos em casa, no local a que pertencemos, ali onde fomos criados para estar.

Segunda premissa: nosso lar é o louvor. Deus nos fez para que O conhecêssemos e louvássemos neste lar. Eis por que nos deu Suas obras, o universo: para termos o que cantar. Este é nosso primeiro hinário.

A conclusão é óbvia. Nós ficamos felizes quando cantamos seus louvores.

Eis como usar esse hinário. Ao menos dez vezes ao dia, vocês farão algo que leva cerca de cinco segundos. Primeiro, respirando fundo. (Pronto, não foi tão difícil.) Algo assim tão simples pode ser um remédio radical para os *workaholics*. Parem durante os cinco segundos que vocês levam para respirar fundo e louvem a Deus por uma coisinha qualquer que venham a perceber: a cor do céu, a cor da sua pele, a curva da madeira na cadeira em que estão sentados, o engenho humano que a produziu, o sumiço dos dinossauros que permitiu que o corpo de vocês evoluísse, sua capacidade de ver, ouvir, sentir, criar, entender, fazer os outros entenderem... Ou mesmo a mera existência de qualquer coisa, de tudo, de um só grão de areia. (Nada, afinal, *tinha* de existir. Tudo é dom.)

Todo dia, a cada hora, agradeça a Ele por uma coisa nova, e faça isso ao longo de dez horas. Tudo isso há de levar 5 x 10 = 50 segundos. Menos de um minuto. Ainda assim, garanto que fará vocês muito mais felizes e muito menos apressados, aflitos, coléricos, temerosos, preocupados — bem como mais cônscios das coisas reais, das coisas que vocês já viram milhões de vezes, mas nas quais jamais prestaram atenção.

Vejam: isto não é uma *ideia* ou uma *filosofia* com as quais vocês possam discordar. Trata-se de ser real, de perceber a realidade. Não é uma peça que vocês pregam em vocês mesmos. É o contrário, na verdade: uma consciência constantemente preocupada é que é uma peça. O que ofereço é o caminho que escapa desta armadilha rumo ao realismo.

Além disso, isso fará vocês mais felizes. Vocês veem algum problema em ser feliz? A gratidão sempre fará vocês felizes. Numerem todas as bênçãos que recebem... e o resultado os deixará desconcertados.

"Mas na maior parte do tempo eu não me sinto disposto a fazer isso..." Certo. É precisamente por isso que precisam fazê-lo. E quando vocês precisam mais? Quando menos se sentem dispostos.

É melhor do que remédio. É mágico. E só leva um minuto por dia.

Trata-se de um investimento de longo prazo. Se vocês começaram a investir um dólar por dia com juros compostos aos dez anos, serão milionários aos setenta. Invistam um minuto por dia na gratidão e, no fim, vocês estarão mais felizes, mais sábios, melhores. E este é um investimento ainda melhor porque, ao contrário do dinheiro, vocês poderão levá-lo consigo.

Só não é possível fazer isso quando se está espirrando. É por isso que outra pessoa o faz em nosso lugar: "Saúde! Deus abençoe!" Lembre-se de falar isso pelos outros também. Lembre-se disso sempre que outra pessoa espirrar.

93. O que não fazer dez vezes ao dia

Além do exercício anterior a ser feito dez vezes ao dia, há algo para deixar de ser feito dez vezes ao dia ou mais: observar tudo o que há de errado e ficar remoendo isso na memória. Isso é como não dar descarga. Nem sempre podemos mudar o que está errado, mas sempre podemos mudar o que estamos pensando. "Merdas acontecem", mas por que temos de ficar sentindo o cheiro?

Por "merdas", não quis dizer acontecimentos de sua responsabilidade. Os olhos da bebê estão vermelhos: será que está gripada? Seu amigo está deprimido: por quê? Você tem uma dor que não passa: vamos dar uma olhada. Por "merda", quis dizer coisas como insultos, impostos, rugas.

94. Dez frases que ninguém diz no leito de morte

1. "Queria ter passado mais tempo no escritório e menos tempo com a minha família."
2. "Queria ter passado mais tempo sendo egoísta."
3. "Queria não ter perdido tanto tempo com orações."
4. "Queria ter passado mais tempo ganhando dinheiro."
5. "Queria ter passado mais tempo buscando conhecimento e menos tempo correndo atrás de sabedoria."
6. "Queria ter passado mais tempo pensando em justiça e menos tempo pensando em compaixão."
7. "Queria ter passado mais tempo pensando em meus direitos e menos tempo pensando nos direitos dos outros."
8. "Queria ter passado mais tempo pensando em liberdade e autonomia e menos tempo pensando em amor e harmonia."
9. "Queria ter passado mais tempo pensando em economia, saneamento e transporte e menos tempo pensando nesse delírio escapista que é o Céu."
10. "Quão divino é o homem!"

95. Prioridades

Deus vem em primeiro, a família vem em segundo e todas as outras coisas são, no máximo, apenas questões de vida ou morte.

96. Coma os frutos da caixa de brinquedos

Todos os dias, Deus traz milhares de coisas boas para as nossas vidas — e nós nem nos damos conta. Porém, quando Ele permite que algo ruim aconteça, isso ocupa todos os espaços de nossa cabeça.

Deus nos permite fazer uma infinidade de coisas boas. Apenas dez nos são proibidas. Mas queremos justo os poucos frutos proibidos e venenosos, quando há inúmeros frutos adequados para nós na grande caixa de brinquedos chamada natureza, feita por Deus para nos entreter.

Ele colocou um pouco de seu misterioso magnetismo em tudo o que existe dentro da caixa, e é por isso que uma criança pequenina se entedia mais rápido com um videogame do que com uma bola ou um bastão, ou mesmo com o oceano. E é por isso que amamos a luz do sol, as árvores, as praias, a neve, os alimentos e os animais.

97. O eu em chamas

Rezar não é só um diálogo. É também transformação. Não é apenas luz, é fogo. E, quanto mais vocês chegam perto do fogo, mais quente ficam. As palavras começam a derreter, e a primeira palavra que derrete na presença de Deus é "eu". Esse é o nome dEle. Quanto mais perto vocês chegam dEle, mais difícil vai ficando começar uma frase com "eu". Ela derrete no fogo do "vós".

98. Místico ao máximo: lição sobre religiões comparadas

Vocês querem ser místicos?
Por quê?
Porque os místicos conhecem mais a Deus.
Não, eles não conhecem. Vocês já conhecem Deus melhor do que Buda.
Por quê?
Porque vocês conhecem Jesus. Um cristão é um místico em grau máximo, pois "aquele que me viu, viu também o Pai".
Buda nunca viu o Pai. E mesmo aqueles que, diferentemente de Buda, falaram com profundidade de Deus (e O chamavam "Bramã", "Alá" ou "Tao") jamais sonharam em chamá-lo de "Pai".

99. Vocês querem ser santos?

Quem? Eu? Euzinho? Você está brincando?
Jesus estava brincando?
Não, mas estava falando com monges e místicos, e não com fulanos e sicranos como eu.
Vocês não leram os Evangelhos? Jesus nunca falou com monges ou místicos, apenas com fulanos e sicranos — a começar pelos doze apóstolos.
Bem, nesse caso, serei um cordeirinho.
Você não pode ser apenas um cordeirinho. Se não crescer, terá fracassado.
E o que é esse crescer?
É tornar-se santo.
Não sou bom o suficiente para tornar-me santo.
Mas que desculpa esfarrapada! Você quer esperar ser santo antes de começar a agir como um santo?
Não sou perfeito o suficiente para ser perfeito.
Ótimo. Esse é o primeiro passo para a santidade: honestidade, realismo e humildade. Vamos, agora, para o segundo passo.
Ele não aceita nenhuma desculpa?
Não.
Por que não?
Porque todas as desculpas de vocês para não fazer isso são mais graves do que meras justificativas ridículas.

O que você quer dizer com "mais graves"?

"Ridículas" são coisas "naturalmente estúpidas", "humanamente estúpidas". As nossas desculpas para não sermos santos, para não sermos muito bons e, portanto, muito felizes, são tão graves que devem vir de outra coisa além de nossa própria preguiça.

O que você quer dizer? Elas devem vir de onde?

Pense só: onde os santos vão viver?

No Céu.

E então: quem é que não deseja que você chegue até lá?

Ops.

Não estamos em um bufê livre onde o Céu é mais uma opção. Estamos em um campo de batalha onde o Céu é um exército.

"Seja santo" não é uma opção humana, e sim uma *ordem* do General Deus.

100. "Alegria no sofrimento" — impossível?

Eu não desejo que vocês sofram, e sim que sejam felizes. Mas também desejo a vocês a estranha doçura da alegria no sofrimento.

Essa alegria só pode vir de uma dor nascida do amor e da confiança, de um sofrimento que vocês reconhecem como o desejo de Deus para as suas vidas e que aceitam confiando simplesmente em que (1) Ele os ama e, por isso, deseja-lhes apenas a alegria mais profunda; (2) em que Ele sabe exatamente o que está fazendo e conhece profundamente as necessidades de vocês; e (3) em que Ele está no controle de cada átomo do universo que Ele mesmo criou. Se nenhuma dessas três coisas for verdadeira, então não há Deus, mas "a força", que não ama vocês, Zeus, que é um estúpido, ou Apolo, que é um fraco.

Quando vocês sabem disso, e quando olham para o que sabem em vez de ignorá-lo, Deus lhes dá a graça de uma alegria sobrenatural, uma alegria que parece irracional, sem razão, uma dádiva inexplicável e totalmente inesperada. Não podemos controlar, não podemos compreender, e não podemos sequer desejá-la. Mas podemos confiar nEle e ficar atentos ao que Ele nos oferece.

101. Natureza e graça

Em seu leito de morte, disse Santa Teresa: "Tudo é graça." É verdade. Mas isso não significa que nada seja natureza. Natureza é a natureza da graça. Natureza é o corpo da graça.

E a graça aperfeiçoa a natureza; então, quanto mais graça, mais natureza.

Isso é especialmente verdadeiro em relação ao livre-arbítrio. Quando escolhemos livremente algo bom, trata-se de uma graça de Deus e também de nossa liberdade. A graça e a liberdade não são duas coisas opostas, como duas espadas. São, isso sim, dois gumes de uma mesma espada.

Por isso, agradeçam a Deus não apenas quando algo bom *chega* a vocês por escolha própria, mas também quando algo bom *parte* de vocês por escolha própria, pois, sendo bom, também está vindo de Deus.

102. Anorexia da alma

Todos padecemos disso. Deus é o alimento que as nossas almas foram projetadas para comer, e, quando o fazemos, ganhamos peso, músculos e força. Quando não nos alimentamos de Deus, ficamos fracos, quebrados e nos chocamos contra as coisas.

É por isso que São Paulo sempre manifesta a alegria da fé às pessoas para quem escreve suas epístolas, como um pai que ama seus filhos e conhece tanto a aridez que resulta de não alimentar-se de Deus quanto a alegria que vem de alimentar-se dEle — do Deus que fez de si mesmo o nosso alimento. O pai sente as alegrias e sofrimentos de seus filhos como se fossem suas próprias alegrias e sofrimentos. Sua alegria é como o "Aaaah!" que escapa espontaneamente quando vocês veem seus filhos melhorarem depois de uma doença ou como o "Aaaah!" que vocês exclamam ao comer uma refeição saborosa.

103. Amortecedores e parasitas *versus* miojos e esqueletos

O amor é resistente por natureza e essência, e não pela adição de alguma substância estranha. O amor é uma rocha, e não feito de miojo. Muitas pessoas são feitas de miojo e acham que adicionar molho apimentado irá consertar a sua alma flácida. Isso até pode melhorá-la, mas apenas no gosto, e não na textura ou na digestão.

O amor também é tenro por natureza e essência, e não pela adição de alguma substância estranha, como um amaciante de carnes. O amor não é um esqueleto ossudo, tampouco uma pele sem ossos.

Muitas pessoas são esqueletos e acham que vestir roupas elegantes irá ajudar a cobrir suas almas duras e quebradiças. Isso ajuda, sim, mas só os muito ingênuos não perceberão.

Ser feito de miojo é fácil e atraente pois, desta maneira, vocês podem passar pela vida sem esbarrar em tudo e em todos. Ser um esqueleto é fácil e atraente porque, desta forma, é possível passar pela vida sem sangrar. As pessoas reais, no entanto, batem, chocam-se e sangram.

104. Como ser mais espertos, mais felizes e melhores em sete minutos

Se vocês não estão interessados nesses três produtos, não leiam esta carta. Se estão no mercado procurando por eles, mas não têm certeza de que irão consegui-los em sete minutos, continuem.

A resposta está em três palavras: contabilizem as bênçãos. É tão simples que chega a ser constrangedor.

Digo isso literalmente. Apenas agradeçam a Deus por sete bênçãos específicas. Não peçam nada a Ele. Apenas agradeçam.

Se vocês precisam de uma ajudinha, aí vai: digam a Deus que vocês são gratos por sete coisas, como as seguintes (podem ser coisas pequenas — essas são as melhores, pois não costumamos percebê-las).

1. Algo concreto e específico no mundo.
2. Algo concreto e específico em suas vidas.
3. Um acontecimento específico no mundo.
4. Um acontecimento específico em sua vida.
5. Uma pessoa específica no mundo.

6. Uma pessoa específica em sua vida.
7. Um atributo, aspecto ou ação do próprio Deus.

Os resultados são garantidos.

105. Deus é comediante

Não sejam mais sérios do que Deus. Deus inventou o pum dos cachorros. Deus projetou o nosso sistema urinário. Deus desenhou o avestruz. Se não foi Ele que fez isso, ao menos permitiu que um anjo bêbado o fizesse.

Dados empíricos podem acrescentar muito ao significado da frase: "seja como Deus".

106. Um experimento realista de raciocínio

Um dia vocês vão morrer. Nada é mais verdadeiro e mais certo.

Portanto, nenhum experimento de raciocínio é mais realista do que o seguinte: façam e digam, hoje, tudo o que gostariam de fazer ou dizer no último dia de suas vidas.

Pois hoje pode muito bem ser esse dia. Algum dia certamente será.

E também não façam e não digam, hoje, o que vocês *não* gostariam de fazer ou dizer no último dia de suas vidas. Justamente pela mesma razão.

Pratiquem! (Eis como viver, numa palavra.)

107. Sentimentais

Somos desencorajados a fazer muitas coisas boas por medo de sermos sentimentais, por medo do constrangimento. Preferimos que pensem qualquer coisa de nós, menos que somos sentimentais, caretas, fora de moda, sem-graça, ingênuos, emocionados, ou qualquer outra coisa que indique constrangimento no linguajar adolescente.

O medo vem do que os outros podem pensar. Mas os outros não estarão conosco para sempre — Deus, sim. Sejamos realistas! E, por isso, sejamos sentimentais, emocionados e caretas às vezes. Deus é. Ele inventou coisas como as vacas e os leões.

108. Santa bagunça

A história está cheia de teorias científicas furadas, quase todas limpinhas demais. O mundo real sempre se mostrou mais rebelde, mais misterioso e surpreendente do que sonha a nossa imaginação.

E isso diz muito sobre Aquele que o criou e criou a todos nós — e, portanto, também sobre nós.

As coisas vivas nos alegram por sua abundância, sua rebeldia. Amamos mais as árvores do que as casinhas alinhadas que construímos a partir delas, mesmo sem saber por quê. Amamos muito mais os animais reais do que os mecânicos, e sabemos por quê.

Os europeus do século XVIII gostavam de confinar a natureza a jardins perfeitamente geométricos. Os do século XIII gostavam de confinar o universo a esferas concêntricas perfeitamente geométricas, com a Terra bem no centro. Tudo errado. Nem mesmo a Terra é perfeitamente geométrica: não é uma esfera, mas uma panqueca, cerca de treze quilômetros mais gorda no equador do que nos polos. O próprio corpo de vocês parece isomorfo, mas não é; o coração fica um pouquinho deslocado para um dos lados. Deus é "habilidoso", como diria o Gollum.

Esperamos que Ele não seja nada (ateísmo), que seja um tudo meio vago (panteísmo), que seja puramente um (racionalismo) ou muitos (politeísmo pagão), mas no fim das contas Ele é três em Um! Por quê? Porque o amor tem de ser três: amante, amado, amor. Ser completo é bagunçar nossas expectativas simplistas.

Ele poderia ter colocado uma placa no Jardim do Éden: "Proibida a entrada de cobras." Ele poderia resolver todos os problemas do mundo por meio de milagres. Em vez disso, projetou o mistério de nossa história e a bagunça que é a nossa bênção.

Então, da próxima vez que Deus tratá-los como Jó, não se escandalize com a pilha de bosta. (A palavra está na Bíblia: "esterco". Vocês preferem corrigi-la, como uma professorinha primária?)

Ivan Karamázov chamou a si mesmo "um rebelde". Ele não queria rebelar-se contra Deus, mas achou que tinha de fazer isso pois rebelara-se contra o mundo de Deus: suas injustiças, irracionalidades e desordem, isto é, sua sujeira. Seu irmão Alióscha amava Deus e Seu mundo, pois Deus o havia criado.

Estejam perto da terra e estarão perto do céu.

A esperança de Ivan estava em que ele ainda amava "aquelas folhinhas grudentas".

109. Uma parábola sobre muros

Era uma vez um tolo que odiava os muros. Quando era um bebezinho, vivia tentando escapar do berço. Quando criança, vivia fugindo de casa. Na adolescência, gostava de quebrar regras. Na vida adulta, tornou-se um *artista* (o que é bem diferente de tornar-se um artista), pois achava que a *arte* (que é diferente da arte) era o espaço para violar regras.

Ele odiava todas as paredes, especialmente as necessidades, as demandas e as "interferências" das outras pessoas. Falava com paixão e eloquência sobre "integridade pessoal e artística", o que na prática não passava de infantilidade autocentrada. Falava por todos os cantos de seu "compromisso", como se referia a disciplina. É claro que ficou muito famoso. Aqueles que conheciam o seu trabalho diziam que era "brilhante", "criativo", "original". Aqueles que o conheciam o chamavam de nomes menos lisonjeiros.

Certo dia ele percebeu que a lógica de sua filosofia de vida exigia o suicídio, pois o mundo estava cheio de muros, e para ele a única maneira de sair do mundo era essa. Ele achava que seu "verdadeiro eu", como a água do banho que escorre pelo ralo, iria por fim traçar o seu caminho para o mar aberto do ser. (Ele era um místico independente, bastante

109. UMA PARÁBOLA SOBRE MUROS

"espiritualizado", e por isso — em razão dos muros — detestava religiões dogmáticas.)

Quando morreu, a água de seu ser realmente desceu pelo ralo. Porém, ao chegar ao mar, ele descobriu um mar de vazio, não de água. Pois a água, também ela, é um muro. Tem uma natureza, é algo e não outra coisa, impondo limites e condições em tudo o que a toca ou a desfruta.

Já que no fim, portanto, temos tudo o que desejamos, ele caiu para todo o sempre num espaço vazio e infinito, sem muros e sem tempo, chamado Inferno, que é o único lugar que não tem muro nenhum. Pois outra forma de designar os muros é dizer que trata-se de "como as coisas são", da "natureza das coisas" e da "realidade".

110. A vida de vocês: quatro imagens

1. Se vocês pensarem em suas vidas como um investimento, irão se frustrar, pois sempre estarão tanto no vermelho quanto no azul.

Então, sequer digam que "meu copo de água está meio cheio, e não meio vazio", pois isso é ficar fazendo contas. Fazer contas ajuda a guardar dinheiro, mas pode perder a vida. A vida escorre entre os dedos.

2. Se vocês pensarem na vida como um programa de computador, viverão ressentidos, pois a vida sempre terá algumas peças para pregar, peças para as quais vocês ainda não estão preparados, e assim o controle pleno que desejam jamais será alcançado.

3. Tanto melhor será pensar na vida como um jogo de beisebol, pois os jogadores sempre se divertem, mesmo os perdedores, e ninguém perde o tempo todo, nem mesmo os Cubs.

4. No entanto, melhor ainda será pensar na vida como uma pirueta no surfe, pois você estará pulando de alegria e sorrindo mesmo nos caldos.

111. "Eu não merecia isso"

Da próxima vez que algo ruim acontecer a vocês sem ser por sua culpa e vocês estiverem prestes a reclamar com Deus, dizendo "eu não merecia isso", olhem para um crucifixo e digam essas mesmas palavras a Ele: "Eu não merecia isso." Isso lhes dará algum senso de perspectiva.

112. "Progressista" ou "conservador"?

Assim como o Estado, a Igreja parece dividida entre "progressistas" e "conservadores"; os esquerdistas e os tradicionalistas. Os "liberais" insistem na compaixão, no humanismo, no amor, na doação aos necessitados, na abertura, na tolerância, na igualdade e na experiência. Os "conservadores" insistem no dogma, na verdade, na tradição, na hierarquia, na santidade, na autoridade e na obediência. Parecem ser dois espíritos diferentes, quase que duas religiões diversas.

A solução concreta para essa divisão é o sacramento da Confissão. Quando vocês pecam e sabem que pecaram, não querem que o padre no confessionário soe como um "juiz" conservador que os lembre apenas da lei, da verdade e da justiça. Mas vocês também não querem que ele se comporte como um psicólogo pop ou como um "tolerante" humanista. Vocês não querem que ele seja um "juiz severo", mas tampouco que seja um "juiz relapso". Bom seria se dissesse aquelas inflexíveis palavras "conservadoras" e dogmáticas, e que essas palavras fossem absolutamente, exatamente, objetivamente e eternamente verdadeiras: "Deus, Pai de misericórdia, que, pela morte e ressurreição de seu Filho, reconciliou o mundo consigo e enviou o Espírito Santo

112. "PROGRESSISTA" OU "CONSERVADOR"?

para a remissão dos pecados, te conceda, pelo ministério da Igreja, o perdão e a paz. E Eu te absolvo dos teus pecados em nome do Pai, e do Filho e do Espírito Santo." Vocês não querem que ele desfaça ou altere uma palavra sequer desta fórmula absoluta e autoritária. Nesse ponto, vocês sabem que não há outro caminho para a plenitude do fim "progressista" da Igreja, o fim de cura e paz e aceitação, exceto pela plenitude do remédio "conservador" da Igreja. Vocês querem que a Igreja seja infalível e dogmática nessa hora — é só isso o que desejam. As duas coisas que vocês costumam chamar "progressista" e "conservador" revelam seu rosto verdadeiro como abstrações ideológicas artificiais.

Essa cura para o dilema "liberal/conservador" vem do confessionário. Então, se vocês são fariseus que creem não precisar da confissão, provavelmente jamais chegarão a ela. Há dois tipos de fariseus: aqueles muito progressistas que não acreditam em uma lei moral real, objetiva e imutável, e os muito conservadores, que não acreditam em quase nada além dessa lei moral. Em outras palavras, são os legalistas e os ilegalistas. Deus é translegalista.

113. Quando vocês falharem

Haverá um momento em que vocês irão falhar terrivelmente, sem desculpas. Irão se sentir estancados em meio aos cacos de uma linda obra de arte que vocês simplesmente... quebraram. Ficarão surpresos com o quão estúpidos puderam ser. Não, não apenas estúpidos: também maus. Moralmente fracos.

Vocês irão errar em algo incomparavelmente importante. Parecerá que *vocês* são um grande erro. Vocês ficarão inconsoláveis. Talvez já saibam do que estou falando; talvez já tenham passado por isso.

A experiência de nossas próprias faltas se afigura como surpresas para nós pois os nossos professores não falam mais sobre falhas, erros ou pecados. Não nos falam mais de nosso Judas interior, sobre esse idiota maldoso que vive no porão de nossa alma.

Vocês irão machucar aqueles que vocês mais amam. E irão mentir sobre tudo isso. Farão algo embaraçosamente mau e não terão coragem de enfrentá-lo. Vocês darão outras desculpas, pois primeiro darão desculpas a si mesmos. (O idiota maldoso é muito bom com desculpas, e a nossa sociedade doente é muito boa em sustentá-las — trabalham em equipe, esses dois.) E, se vocês não tiverem a força interior, a honestidade e a coragem para confessar a si mesmos,

113. QUANDO VOCÊS FALHAREM

também não serão capazes de se confessar a Deus e, tampouco, àqueles que feriram. E então os vermes ficarão dentro da maçã e se espalharão até contaminar a sua vida de maneira tão inevitável que vocês sequer poderão negá-lo — ou, pior, até contaminar a sua mente a ponto de vocês não conseguirem reconhecer a podridão.

De qualquer forma, existem duas filosofias do homem. Uma delas diz que apodrecemos como alfaces, de fora para dentro. A outra, que apodrecemos como batatas, de dentro para fora. Os primeiros culpam os outros, culpam a "sociedade", os da direita, os da esquerda, os OVNIs, as estruturas sociais. Os segundos dizem: "Nós conhecemos os inimigos, e somos nós." O termo teológico para essa ideia é "pecado original". É um dogma.

Todos nós erramos. É por isso que um dos sacramentos é a Confissão. Ninguém, exceto Jesus e sua Mãe, viveu sem nenhum pecado. A escolha que fazemos entre dois caminhos, o bem e o mal, o santo e o pecador, é a segunda escolha mais importante que existe. A primeira acontece logo depois do pecado: nessa hora, os dois caminhos são a confissão honesta ou o disfarce e o afastamento, a luz ou a escuridão. O caminho obscuro parece mais fácil e mais confortável, mas ninguém nunca encontrou a paz no fim dessa estrada, e todos os que escolheram a outra — a estrada desconfortável — encontraram justamente essa paz.

Há problemas que podem ser resolvidos com palavras e outros que não podem. Porém, mesmo assim, Deus é Deus, e Deus é bom além das palavras.

Quando vocês estiverem com problemas, lembrem-se de que Ele está presente mesmo quando você não sente. Ele e o seu Anjo da Guarda. E eu estarei também, assim que Deus me libertar dos limites deste corpo. Vocês não estão sozinhos — jamais. Vocês são amados — sempre.

114. Amor e dor

A melhor coisa da vida não é aquilo que mais desejamos. A melhor coisa da vida é amar. O que mais desejamos é ser amados. A coisa mais assustadora é ser incapaz de amar, mas o que mais tememos é não sermos amados.

Por que esse é o nosso maior medo? Porque nos causa a mais profunda das dores.

Amar é entregar o coração nas mãos de outra pessoa. E entregar o coração é estar vulnerável à dor. Se vocês entregarem o coração, ele certamente será ferido muitas vezes. Mas os corações verdadeiramente completos são os corações feridos. Amor e dor são um pacote completo. A única maneira de evitar a dor é evitar o amor, é não entregar o coração a ninguém, é colocar um sistema de segurança em volta dele. Ele ficará mais seguro no congelador, mas não vai bater. Ele vai congelar. (Em Dante, o reino mais baixo do Inferno não é feito de fogo, mas de gelo.)

Entregamos grande parte de nossos corações a coisas pequenas, como a imagem e o poder — coisas que não valem a pena. Além disso, entregamos pouco de nossos corações às coisas grandes, como amar a Deus e nossas famílias, pois, inconscientemente, tememos a dor. Ao fazer esse cálculo tolo, esquecemos de uma coisa: que no fim a alegria do amor sempre se sobrepõe à dor do amor; que nenhuma pessoa sã jamais proferiu, no leito de morte, algo como: "Eu não deveria ter amado tanto. Não deveria ter me entregado tanto. Deveria ter deixado o meu coração na geladeira." Muito antes disso, se houve amor, então houve também alegria mesmo na dor da despedida, houve disponibilidade a sacrifícios e a aceitação livre das dores involuntárias. E, mesmo quando a alegria demorar para chegar, sempre existirá a paz que vem de saber que vocês fizeram a coisa certa.

115. Psiquiatria barata

Ser católico pode poupar bastante dinheiro. A Confissão é gratuita, enquanto os psiquiatras custam uma fortuna. Temos quatro opções nessa vida:

1. Ser uma pessoa feliz, santa e íntegra, sem grandes problemas.
2. Estragar tudo e lidar com as consequências. Voltar à fonte. Ir para a Confissão.
3. Estragar tudo e recorrer a psiquiatras e psicólogos em vez da Confissão. (Tudo bem, não precisa ser "em vez da Confissão". Bons confessores muitas vezes irão enviá-los a psicólogos, e muitas vezes psicólogos irão recomendar confessores.) Isso levará mais tempo e custará mais dinheiro do que a Confissão, e não há garantias de que irá "funcionar" como a Confissão funciona.
4. Estragar tudo e não lidar com a situação de nenhuma das formas. Encobri-la.

A primeira opção é a mais barata, mas também a mais rara.

A quarta é a mais cara de todas no longo prazo, pois o dano que qualquer doença causa, no corpo ou na mente sempre piora com o tempo.

116. O poder da Confissão

Nós não nos lembramos de quando nos dão banho nos primeiros meses de vida, mas podemos observar o sorriso no rosto dos bebês e saber como é bom. E sabemos como é bom sentir que estamos lavando a sujeira, o suor e a poeira depois de um dia exaustivo e quente. Imaginem que podemos fazer por nossas almas o que fazemos por nossos corpos com um esforço físico equivalente a caminhar até uma banheira.

Nós podemos. O confessionário é a banheira. É o trocador do bebê. A mamãe Igreja troca as nossas fraldas sujas ali.

E, mais que isso, o confessionário é um conversor. Entra Adão, sai Jesus Cristo.

117. Mentes e bocas

Quanto menos aberta é a sua mente, mais aberta é a sua boca. Você precisa ventilar a alma de alguma forma.

Mentes abertas inspiram. Bocas abertas expiram. Você pode sentir a diferença entre os dois tipos de ar.

118. Mantenha um caderninho

Uma dica prática para vocês: comprem um caderninho (com uma linda capa que lhes recorde o quão valioso será) e anotem as palavras que você achar mais sábias, mais certeiras e mais bonitas, de todas e quaisquer fontes, para que não as esqueçam e possam voltar a elas e beber dessa água quantas vezes quiserem. Esses são os caderninhos de bolso. E são todinhos seus, podem ser totalmente particulares, então vocês não precisam dissimular nada.

Vejam, aqui, três exemplos de trechos que coloquei em meu caderninho:

1. "Homem, agrada teu Criador e fica contente, e não dá para este mundo nem uma semente" (Robert Herrick).

2. "Ame ao próximo e tome uma boa taça de vinho tinto todos os dias" (Conselho de Antonio Todde, pastor italiano apontado pelo Guinness como o homem mais velho do mundo — 112 anos).

3. "Da escuridão da minha vida, tão frustrante, digo a vocês a única grande coisa para se amar no mundo: o Santíssimo Sacramento. Nele você encontrará romance, glória, honra, fidelidade e o verdadeiro caminho de todos os seus amores sobre a terra. [...] Somente por ele tudo o que você busca em seus relacionamentos terrenos (amor, fidelidade,

alegria) poderá ser mantido ou adquirir a compleição de realidade — de duração eterna — que todo coração humano deseja" (J. R. R. Tolkien, carta a seu filho Christopher).

119. Deus e diversão

Nas orações matinais, ofereçam a Deus "todas as minhas orações, obras, alegrias e sofrimentos deste dia". Aquela da qual sempre nos esquecemos é a maior das alegrias. Esquecemo-nos de que a alegria da diversão é uma graça de Deus. Costumamos separar Deus e diversão. Esquecemo-nos de agradecê-lO por isso e nos esquecemos de nos divertir diante dEle. Porém, assim como criou o trabalho, Deus também criou a diversão. Embora ambos se tenham corrompido com a Queda, continuam sendo grandes bens.

Unir Deus e alegria não é apenas questão de diversão. Ignorar essa conexão é grave, pois torna a nossa religião sem-graça e triste e a nossa alegria e diversão, coisas não sagradas.

Assim como devemos trabalhar, rezar e sofrer em Deus, devemos nos divertir em Deus. Pensem naquelas vezes em que uma onda os derruba: se vocês sentem toda essa dor, inconveniência e frustração — uma batida de cabeça, arranhões na barriga, falta de ar, um soco no estômago e uma enxurrada de água salgada —, se vocês sentem algo assim depois de qualquer acontecimento (de um assalto, por exemplo), não haverá absolutamente nenhuma alegria, mas apenas medo, raiva e ressentimento. Porém, como os tombos fazem parte das brincadeiras no mar, é preciso rir. É claro que não estou dizendo que vocês devam rir ao serem assaltados, mas há outras ondas na vida das quais podemos rir mesmo depois do tombo. No entanto, dificilmente rimos, pois esquecemos que estamos surfando em Deus.

Rir de si mesmos ("que idiotice!") é uma das coisas mais saudáveis que vocês podem fazer — fisicamente, emocionalmente e espiritualmente.

Quando se é casado, o grande espaço das brincadeiras deve ser a cama. O sexo é uma das grandes ondas de Deus. Que coisa terrível não aproveitá-la, não rir com ela, mesmo quando levamos um tombo! Há livros que tornam o sexo tão solene e sério que transformam a diversão em trabalho. Muitos trabalhos deveriam transformar-se em diversão, mas a diversão jamais deveria se transformar em trabalho. Esses livros podem causar mais danos do que a pornografia. Eles são um tipo de pornografia. Aposto que seus autores brincavam muito ansiosos em seus parquinhos.

120. O que significa ser pró-vida?

Como disse Moisés, significa "dizer sim" à vida, "escolher a vida".

E por "vida" quero dizer muito mais do que a mera sobrevivência biológica. Quero dizer todos os níveis de vida humana — do nível biológico ao psicológico, do interpessoal ao religioso.

Ser "pró-vida", portanto, significa:

1. Amar e cuidar da saúde física e da saúde do planeta que nos alimenta.

2. Amar e cuidar da alegria, esse sopro de vida que compartilhamos com animais mais elevados, e não com os mais simples (é por isso que brincamos com cães, e não com minhocas).

3. Amar e cuidar das outras vidas biológicas; não matá-las pelo aborto, eutanásia, suicídio ou guerras.

4. Amar e cuidar das outras vidas como vocês amam e cuidam de sua própria; amar ao próximo como a si mesmo.

5. Amar a lei moral que dita como fazer isso.

6. Conhecer e amar a natureza e a natureza de tudo: homens, mulheres, animais, Deus, e até mesmo de nossa irmã morte; não agir contra a natureza deles, mas "deixá-los florescer".

7. Amar a fonte e o criador da vida onde quer que ele se apresente: na natureza, na consciência, na Bíblia, na Missa, nas crianças, em todos os lugares — até mesmo na morte.

Viram só? Ser pró-vida é muito mais do que o número três sozinho!

121. O zoológico interior

Vocês podem dar um passeio no zoológico o dia que for, em qualquer estação do ano. Basta olhar para dentro de si.

Ali, encontrarão animais bons e maus correndo dentro de suas jaulas. Brinquem com os bons, mantenham os maus enjaulados.

Ninguém é tão bom que não tenha nem uma cobrinha interior. Porém, muitas vezes as escondemos — deu para entender.

Ninguém é tão mau que não tenha nem um coelhinho interior. Porém, muitas vezes os escondemos. Deu para entender.

122. Morrer é fácil

Morrer é muito mais fácil do que viver. Você não precisa fazer nada! É como um sacramento: são coisas que nos são dadas. Pela morte, Deus facilitou o que achamos muito difícil praticar enquanto estamos vivos: entregar-se por completo, devolver o dom da vida que recebemos, o dom primordial, anterior a todos os outros.

No fim de suas vidas vocês se tornarão padres — ao menos uma vez. Vocês rezarão a Missa e oferecerão a Deus a hóstia do próprio corpo, dizendo: "Este é o meu corpo". "Se forem cristãos batizados e, assim, parte do corpo de Cristo, Cristo rezará essa Missa, e é uma parte do corpo de Cristo que vocês oferecem quando morrem em Cristo. (Porém, o Corpo de Cristo não é dividido em partes; cada parte contém todo o Cristo. Isso é verdadeiro para cada hóstia da Eucaristia e para cada membro da Igreja.)

E o seu sangue... será o sangue dEle, pois Ele o obteve de Maria e Maria, de Eva, assim como vocês, de modo que o sangue dEle é o seu sangue e o seu sangue é o sangue dEle. Há apenas um fornecedor de sangue humano. Graças a Eva e a Maria, o sangue dEle é o de vocês.

"No sangue está a vida." Então, quando vocês morrem, também oferecem o próprio sangue, a própria vida, agora separada do corpo, como Cristo na Eucaristia, separando seu sangue do seu corpo. Vocês não farão isso "apenas como" Cristo o faz, mas como parte do que Cristo faz, do que Cristo está fazendo agora. (Não se pergunta: "O que Jesus faria?"; e sim: "O que Jesus está fazendo?")

123. "Bem-aventurados os humildes"

Acreditamos em muitas coisas que contradizem os nossos sentimentos: que alguns alimentos muito saborosos não fazem bem para nós (como doces) e que outros, que são horríveis (como espinafre), fazem. Acreditamos nos cientistas, nos especialistas, nos médicos e nutricionistas. Que estupidez é não acreditar em Deus quando Ele nos diz coisas que vão contra os nossos sentimentos, como "bem-aventurados os humildes".

É mais fácil acreditar em Deus quando Ele nos diz coisas que contradizem os nossos *sentidos* (por exemplo, que aquela coisinha que se parece um biscoito de farinha é realmente Jesus) ou que parecem contradizer a nossa *razão* (por exemplo, que Jesus é, ao mesmo tempo, Deus e homem) do que acreditar quando Ele nos diz coisas que contradizem o nossos *sentimentos*, especialmente os nossos desejos (por exemplo, que a pobreza é bendita e que a riqueza pode ser perigosa).

Porém, o que Ele diz pode ser verdadeiro ou falso, e, caso seja falso, seria uma desonestidade fingir que é verdadeiro. Vamos dinamitar as catedrais como as maiores mentiras da história. No entanto, se forem verdadeiras, então é melhor conhecê-las e vivê-las, qual uma prescrição médica.

Se os humildes são bem-aventurados, deixemos de invejar os ricos e de reclamar quando formos abençoados com um pouquinho de pobreza. Se fôssemos sempre ricos, teríamos perdido essa bênção! Vamos agradecer a Deus por todas as nossas bênçãos, incluindo essa, mesmo que ela não pareça uma bênção.

E por que ela não parece uma bênção? Porque somos tolos. Esta é mais uma das coisas impressionantes que Deus nos disse.

124. A sabedoria do surfe

A vida vem em ondas. (Tudo vem em ondas.) Ela vem em altos e baixos. É fácil lidar com os altos; o verdadeiro teste está nos baixos. Esperem, enfrentem. Isso faz parte do serviço. Imaginem um bombeiro que fica impressionado, nervoso e ressentido toda vez que o alarme de incêndio soa...

125. A beleza da tristeza

"Ninguém sai daqui vivo", disse Jim Morrison.
"Dão à luz do útero para o túmulo", diz Samuel Beckett.
Em outras palavras: assim que nascemos, começamos a morrer.
Os nossos maiores dramas são tragédias. As nossas maiores músicas são em tom menor. As nossas cores mais bonitas são escuras. A melhor definição para as nossas mais belas obras de arte diz que se trata daquilo "que tem o poder de rasgar o coração".
Alguns amaldiçoam a Deus por colocar tanta tristeza na beleza. Eu o agradeço por colocar tanta beleza na tristeza.

126. Tenham filhos

Ter crises faz muito mais sentido do que ter filhos. Tenham filhos mesmo assim.

Os filhos irão partir seu coração — faz parte do plano. Apenas um coração partido bate em sintonia com o coração de Deus. (Parem para contemplar um crucifixo até entenderem essa verdade.)

Os filhos quebram a banca, acabam com o orçamento — também faz parte do plano.

Quase todas as pessoas deveriam ter filhos. Por quê? Pois só se vive de verdade quando se vive para alguém. É apenas quando fazemos tudo pela felicidade de quem amamos que somos realmente felizes. Além disso, se vocês não são capazes de amar os seus filhos, não serão capazes de amar ninguém.

Se você não tem filhos, mas tem um cônjuge, então só há uma pessoa no mundo mais importante do que você: seu esposo ou sua esposa. Isso é um pouco menos completo do que ter filhos, pois mesmo no Deus trinitário há outros dois, e não apenas um, para cada Pessoa amar.

127. "O que podemos fazer para deixá-lo feliz?"

Vou parecer um pouco dramático aqui — não só para atrair a atenção de vocês, como também para ser bem realista. Pedirei que vocês imaginem que estão ao lado de minha cama enquanto agonizo. Algum dia vocês terão de vivenciar isso não apenas em pensamento, mas na vida real.

Vocês me perguntam: "O que podemos fazer pelo senhor? O que o deixaria mais feliz?"

E eu responderia: três coisas. Primeiro, amem a sua mãe. Segundo, amem os seus esposos. Terceiro, amem os seus filhos.

Tenham paciência com todos eles. Todos têm paciência com vocês de um jeito que vocês sequer podem compreender. Se não compreendem isso, pensem: será que eles compreendem como você é paciente com eles? Não. Bem, não é provável que seja assim dos dois lados?

Ter paciência é difícil. "Apenas o amor torna isso possível, e apenas o amor perfeito faz disso uma alegria." (Essa veio da antiga cerimônia católica do matrimônio.) Para amar as pessoas é preciso ainda mais paciência — é preciso compreendê-las, é preciso acessar as suas almas, as suas vidas. Isso torna a paciência mais fácil.

Esta — compreender uns aos outros — é uma das coisas que estaremos fazendo no Céu para sempre, e por isso é bom que pratiquemos ao máximo aqui na terra. A vida é a temporada de treinos.

128. O bem mais precioso

O bem mais precioso que vocês podem oferecer a alguém é o tempo. O local onde vocês escolhem passar o tempo livre é a maior indicação do quê e de quem vocês amam.

O tempo é um bem precioso, pois ninguém pode dar mais tempo a vocês; ninguém pode fazer o seu dia ter 25 horas ou fazer vocês recuperarem o tempo que perderam.

Exceto Deus. Pois Ele vive na eternidade e pode multiplicar os pãezinhos e peixes que são nosso tempo. Mas apenas se o ofertamos a Ele.

129. Sacrifícios

Eis aqui quatro razões para fazer sacrifícios:

1. Não é possível levar uma vida humana completa sem eles. Estejam preparados para fazê-los. Não se impressionem ou se ressintam deles.
2. Eles são a maior oportunidade que vocês têm de aproximar-se de Cristo neste mundo.
3. No Céu, os que irão brilhar não serão os que brilharam sob os holofotes terrestres, mas aqueles "doadores" desconhecidos, invisíveis e esquecidos. Diferentemente da maioria dos ricos e famosos, eles não colocam a si mesmos em primeiro lugar. (É por isso que não são ricos e famosos.) Foi-nos prometido pela maior Autoridade de todas que os primeiros serão os últimos e os últimos serão os primeiros.
4. Mesmo na terra, são os doadores os mais brilhantes por dentro. Prestem atenção nos olhos deles.
5. A alternativa ao sacrifício é o Inferno: o egoísmo e o egocentrismo.

A lógica explica: o Paraíso consiste em estar com Deus; Deus é amor, e o amor sacrifica. Eis, portanto, o pacote completo: Paraíso, Deus, amor, sacrifício. A alternativa ao Paraíso é o Inferno; por conseguinte, a alternativa ao sacrifício é o Inferno.

Vocês podem muito bem não se sacrificar e ainda ser pessoas legais, educadas e aceitáveis neste mundo decaído. Não mataram ninguém. Sequer chegaram a incomodar outra pessoa. Só que exigem que ninguém mais os incomode também.

130. Gota a gota para o mar

Toda ação que executamos é como uma gota d'água. Quando a água goteja alegrias, elas se tornam fios de água, depois arroios, depois rios. Todos os rios buscam o mar.

Agimos em certas direções do mesmo modo como a água flui em certas direções. Quando vocês correm os olhos pelo quarto em busca dos cadarços, vocês os procuram porque querem amarrar os sapatos, caminhar até o carro, ir ao correio, comprar selos, enviar um cheque à empresa do cartão de crédito, comprar uma barraca nova, ir acampar, aproveitar a natureza. No fim vocês atingem um objetivo, algo que não goteja rumo a um fim ulterior.

As nossas vidas são cheias de pequenos riozinhos, e seu número aumenta a cada dia. São meios cada vez mais eficientes — mas com que fim? Nós sequer nos perguntamos! Deveríamos passar mais tempo no mar, literalmente e metaforicamente: deveríamos passar mais tempo aproveitando os fins, e não os meios. Pois apenas o fim justifica os meios; é isso que são os meios: meios para um fim. Bons fins não justificam meios maus, mas bons fins justificam meios bons.

Quando trabalhamos, estamos nos rios. Quando nos divertimos, estamos em algum litoral ou numa pequena baía. O trabalho é água fresca; a diversão, água salgada: um preâmbulo do Céu.

Mas o que é o mar? Qual é o nosso fim? O que é o Céu? Qual o sentido da vida? O sentido disso tudo?

Ele deve existir, pois, caso contrário, não o buscaríamos. Somos todos água em busca do mar. Não descansaremos até que possamos nos abandonar nele.

E será algo completo, algo íntegro e total, maior do que tudo o que já vimos. Pois, caso contrário, as pequenas baías, os litorais dos quais desfrutamos, seriam suficientes para nós e jamais nos entediariam, não importa o quanto permanecêssemos neles. Eles, porém, também nos lançam adiante, para além de nós mesmos. Eles confirmam que são apenas pequenas baías e litorais de um oceano imenso.

Essa é a minha evidência favorita da existência de Deus.

131. Um livro inútil

Como este livro é inútil! Vocês já sabem tudo o que contém nele. Se não, como são capazes de reconhecer como verdades o que acabaram de ler?

Mas é também um livro muito necessário, pois nos esquecemos do que sabemos e precisamos que nos lembrem. Somos todos meio desmemoriados.

132. Singularidade

Sejam bons, mas sejam vocês mesmos.
Sejam vocês mesmos, mas sejam bons.
Os padrões básicos de bondade são os mesmos para todos. São obrigatórios; Deus não deu dez *sugestões* a Moisés.
Os padrões para serem vocês mesmos são apenas de vocês. Deus não criou nenhum clone, apenas filhos.

133. Deus tem filhos, mas não tem netos

Além de não ter feito clones, Deus também não criou nenhum neto para si; Ele deixou isso para nós. Podemos fazer vocês nascerem, mas apenas Deus pode fazer vocês nascerem de novo. Vocês não podem obter Deus de seus pais; antes, têm de buscá-lO por si sós primeiro. Ele se oferece a vocês pelas próprias mãos, na Eucaristia.

E vocês devem abandonar-se nela também.

134. O significado da luz do sol

O que é a luz do sol? Ela fala; ela nos diz coisas; ela é uma palavra do sol de Deus.

Se ela é uma palavra, por que não é uma palavra clara? Por que a palavra dita pelo sol não é tão clara às nossas mentes como a sua luz o é para os nossos olhos? Com efeito, se fosse, ela acabaria conosco.

Cuidem de um passarinho e vocês compreenderão. Vocês terão de controlar o próprio afeto para não matá-lo. Não é possível apertar um passarinho da mesma maneira como apertamos um cão. A luz do sol é o amor contido de Deus, um de seus gestos de carinho, seus passarinhos delicados.

Apenas os anjos conseguem resistir aos abraços apertados de Deus: são como os cães do Senhor.

E apenas o próprio Deus é capaz de suportar seu amor por inteiro: é por isso que Ele tem de ser três pessoas, e não apenas uma.

135. Trabalho, lazer... e rosas

Empenhem-se nas duas coisas. Porém, não se divirta tanto a ponto de não trabalhar e não trabalhe tanto a ponto de não se divertir.

Algumas pessoas são preguiçosas e detestam trabalhar — querem apenas o lazer. Isso não surpreende; afinal, o lazer é muito mais divertido. O mais surpreendente é que algumas pessoas não gostem de se divertir. Por quê?

Alguns trabalham tanto que *não têm mais tempo de sentir*. Alguns sentimentos (como a raiva) não precisam de muito tempo para crescer; outros (como a compaixão), precisam. Talvez seja por isso que essas pessoas trabalham tanto: para se distrair de seu vazio emocional. Elas têm medo de estarem se tornando robôs; então, o que resolvem fazer? Agir como robôs.

O que mais elas poderiam fazer? Poderiam ignorar o tempo por um momento e sair para caminhar. Dessa forma, teriam de encarar a própria "simesmice". A rosa que vocês param para cheirar não é algo a se classificar, comparar, calcular, comprar e usar. Ela apenas é.

Isso não é nada infantil e irresponsável — mas o contrário. Afinal, as outras pessoas são como rosas. Elas também vivem ensimesmadas, e você precisa tirar um tempo para sentar--se e escutá-las. Todas elas têm espinhos, todas são belas. Observar as rosas — observá-las mesmo — é um bom treino para ver as pessoas de verdade.

136. Tempo natural

Tudo na natureza, bem como tudo na vida, tem o seu tempo natural. Descubram-no e acompanhem-no, como se acompanha uma onda. Agarrem-no em seu ponto mais alto; caso contrário vocês não o irão agarrar. Vocês não conseguirão acelerar nada do que é vivo, nada do que cresce. Às vezes conseguirão detê-lo ou atrasá-lo. Podem até matá-lo. E deveriam, quando o que cresce é algo mau, uma doença, um pecado. No entanto, com todas as outras coisas, descubram o ritmo e o acompanhem — como acompanham um cavalo, como acompanham uma onda.

137. Por que os bons sofrem?

Porque o mundo é belo demais.

Deus é amor, e é por isso que criou um mundo tão insuportavelmente belo. Por ser o mundo tão belo, e por sermos nós tão tolos, há o perigo de as coisas belas deste mundo se tornarem uma parte tão intrínseca de nossa identidade, tão agradável e acolhedora a nossas almas, que, quando morremos, nos tornamos fantasmas, incapazes de deixar nossas velhas casas. Dessa forma, Deus tem de nos apartar dessas coisas do mundo pela dor, assim como nos leva a abraçá-las pelo prazer. Precisamos de ambos, e é por isso que Ele nos dá ambos.

Em primeiro lugar, Ele poderia ter feito o mundo menos belo, e assim precisaríamos sofrer menos para nos dissociarmos dele. (Vocês não sofrem quando se mudam de um quarto capenga de hotel, e sim quando têm de sair de seus belos lares.) O coração de Deus, no entanto, assim como o que acontece no mais profundo de nosso coração, optou pelo pacote completo da agonia e do êxtase, do doce e do amargo, dos altos e baixos, e não pelo plano, tedioso e seguro caminho do meio.

O útero de nossa mãe cresce confinando, ao passo que lá dentro a nossa vida se expande, tanto no âmbito do corpo quanto no da alma. O mundo é o nosso segundo útero: se ele não crescesse confinando e pequeno, não iríamos querer nascer outra vez.

138. O que queremos acima de tudo

O que queremos acima de tudo é escutar as seguintes palavras: "Você é simplesmente a coisa mais preciosa do mundo para mim. Em todos os mundos possíveis, vou amar você. Eu esperaria milhares de vidas, desistiria de todo o mundo por você. Você é o centro da minha vida, meu coração, minha mente, e nada, jamais, poderia concorrer com você."

Esse é o sonho de todo romântico, e todos nós somos uns românticos. Fomos feitos para amar. E o nosso sonho se tornará realidade no Céu, pois iremos ouvir essas palavras de nosso Amado, dAquele que não mente jamais.

Como já sabemos disso, somos responsáveis por agir. Já tomamos conhecimento de nossas falas, e agora precisamos ensaiar.

Dizer que "*precisamos* ensaiar" faz isso parecer uma regra. E é! Somos tão estúpidos que Deus teve de fazer dessa alegria, desse sonho, desse êxtase, uma *lei*. "Deveis amar, deveis experimentar o sonho de vosso coração; ordeno que danceis a dança do êxtase." É como ordenar a um homem que faça amor com uma bela mulher.

Creio que, no Céu, teremos um ataque inacreditável de riso ao olharmos para trás e vermos: que fomos tão estúpidos que Deus teve de nos deixar uma *lei* moral para fazer com que nos amemos.

139. Quatro coisas que os deixarão felizes

Descobri que essas quatro coisas sempre funcionam. Não se trata de ideias, mas de coisas reais.

Primeiro, há uma fonte misteriosa mas poderosa de felicidade, e até mesmo de energia, em quatro âmbitos da natureza que são gratuitas e facilmente disponíveis. Esses quatro âmbitos contêm em si o elixir da felicidade:

- O céu, o sol (mas também as tempestades), a lua, as estrelas e as nuvens (todos os tipos de nuvens); o clima (todos os tipos de clima) — tudo o que vem do céu (há certa sabedoria na confusão ancestral entre o Céu e "os céus").
- O mar, as ondas, os rios e todos os tipos de águas, lagos, lagoas e piscinas (a água é a segunda coisa favorita de Deus, depois da luz. A segunda coisa que Ele criou).
- Árvores, florestas, faixas de vegetação (colinas também — ondas feitas de terra) e, é claro, montanhas.
- Animais — fazer carinho em um gato ou deixar um cão amar vocês já são como pequenas lufadas de magia.

Em segundo lugar, as pessoas são um vetor ainda maior de felicidade do que os animais. Desviem do próprio caminho para ajudar alguém. Descubram uma forma nova e criativa de demonstrar amor. Todo mundo sabe que isso funciona bem demais — não sejam doidos, não se esqueçam disso. A maioria de nós se esquece.

Terceiro, para se sentirem bem consigo mesmos, sejam totalmente honestos. Digam "não" às pequenas e grandes mentiras, omissões e desculpas, às concessões e saídas evasivas que estamos sempre preparados para fazer. Rompam a casca frágil que todos construímos ao nosso redor. Dispam a alma para abraçar a verdade de Deus. Isso pode ser algo estimulante e é sempre libertador, como tirar a roupa na hora do sexo.

Quarto: estejam abertos à primeira causa de felicidade. Pratiquem a presença de Deus.

Essas quatro ações não exigem muita energia. Antes, elas nos dão energia. Também não custam muito tempo. Elas nos dão tempo.

140. Páginas grudadas

Há duas páginas do meu pequeno caderninho que estão grudadas, e por isso não consigo escrever nelas. Tudo acontece por alguma razão. Às vezes a razão está em lembrar-nos de que não sabemos a razão de tudo.

141. Como funciona a comunhão

Nela, Deus diz a vocês: coloquem os lábios de sua fé em meu coração e bebam do meu sangue. Só isso salvará a sua vida. Entrego a minha vida pela de vocês nesta santa troca, nesta santa comunhão. Sorvo o pecado, o veneno, para fora do coração de vocês — basta que vocês o permitam. Abram o coração aos meus lábios e farei tudo isso. E abram seus lábios ao meu coração e farei uma transfusão de sangue.

142. Sem equilíbrio

A vida não é uma gangorra. Não tentem equilibrar carreira e família, dinheiro e família, ou suas vidas e a família. Nem comecem a pensar assim. Equilibrar é fazer concessões. Nunca façam concessões no que diz respeito à família. Ela é a razão de sua carreira, de seu dinheiro e até de você mesmo: você foi criado para ela e treinado para ser você mesmo para ela. A que bem servem todos os trabalhos, exércitos e políticas no mundo, senão para preservar e proteger a vida das famílias? Eis onde tudo está; eis o centro da vida. Tudo o mais está tão longe... Este é o ponto de apoio, o sustentáculo... e todo o resto é gangorra. Tentem equilibrar quaisquer coisas, mas não tentem equilibrar o mais importante.

143. "Pague adiantado"

A palavra "piedade" tem dois sentidos originais: lealdade à família e lealdade a Deus ou aos deuses. A relação é a seguinte: vocês não poderão retribuir o que lhes foi dado por nenhum dos dois, isto é, a própria vida. Então vocês precisam "pagar adiantado". Passar o dom adiante. Não é possível retribuir ao seu Criador ou aos genitores; então, pague a seus filhos, a exemplo do que fizeram os pais de vocês. Que sistema grandioso Deus foi inventar! Muito melhor do que a "justiça", a "igualdade", ou os "direitos"!

144. Quando tudo parece sem sentido

Vejam o que aconteceu com Abraão. Aparentemente, Deus tomou o que lhe era mais importante: Isaac. Aparentemente, Deus tomou de volta seu grande dom, sem explicações ou compensações.

Coisas terríveis acontecem, e não apenas com heróis como Abraão. E, quando acontecem, temos de fazer a escolha que Abraão teve de fazer: sigo confiando nesse Deus misterioso, mesmo que não consiga compreendê-lO, compreender suas razões, compreender por que Ele permitiu que essa coisa terrível acontecesse comigo, essa coisa que parece não fazer sentido algum. Ele certamente tinha o poder de ordenar tudo para que isso não acontecesse, e mesmo assim não o fez. Devo confiar nEle mesmo assim? Ou não?

Esse "isso" pode ser qualquer coisa, pequena ou grande, de um acidente a um erro pessoal, da depressão à morte — ou algo ainda pior. Há muitas coisas na vida piores do que a morte: desespero, divórcio, traição e loucura podem ser piores do que morte. Até mesmo a morte pode ser pior do que a morte se ela não acontece com você, mas com alguém que você ama mais do que a si mesmo.

Por que Ele nos tira *isso*?

Está claro que é uma provação. Porém, não está nem um pouco claro por que Ele dá a provação a uns e não a outros. Ao mesmo tempo, está bem clara a resposta certa a esse teste. A resposta certa é "sim".

Sim, confio em ti, mesmo que você me tire isso, me tire esse Isaac. Pois não és um meio para isso ou para qualquer outra coisa. Minha confiança em ti não é condicional, não existe apenas graças a isso. Não és uma máquina divina projetada para fornecer isso. Confiarei em ti mesmo que não consiga compreender-Te. Não tenho nenhuma evidência de que sejas bom, mas tenho o poder de escolher acreditar em que és bom. E, por esse poder, escolho a ti. Minha escolha é incondicional, inegociável e irrevogável.

Se alguém perguntar a vocês: "Por quê?" — se vocês perguntarem a si mesmos: "Por quê?" —, a resposta será Jesus. A confiança não é irracional, embora não possamos justificá-la racionalmente. Pois nos foi dada uma razão para isso. Deus nos deu a razão para isso. Jesus é a nossa razão. Se Deus não tivesse enviado Jesus, mas permanecido invisível e distante — se Deus não tivesse nos demonstrado o seu amor com uma concretude tão arrasadora, de modo que a nossa inocência se despedaçasse como vidro diante de seus pés banhados em sangue —, ainda assim seria possível a heróis da fé, como Abraão, confiar nEle, mas muito mais difícil para fracotes como nós. E assim Ele nos deu Jesus como a nossa razão. Jesus é a nossa muleta; Jesus é a nossa religião. É claro que a religião é uma muleta — somos todos aleijados.

Quando tudo parece sem sentido, quando sua fé é testada e Deus o coloca no monte de esterco de Jó, não há nada melhor do que olhar para o crucifixo (que é muito pior do que um monte de esterco!) e dizer: "Jesus, eu confio em vós." Talvez isso não venha a fazer sentido para mais ninguém. E isso não fará a dor ir embora. Ele não *quer* que a dor vá embora — ainda não, foi Ele quem a *enviou*. Porém, Ele quer ouvir essas palavras de vocês. Ele *anseia* por ouvir essas palavras, tem uma paixão fervorosa por elas. Quanto mais difícil é dizê-las, mais preciosas elas são.

145. A sabedoria da infância

Eu era muito sábio. E, então, cresci.

Quando tinha uns oito anos, por aí, formulei o meu primeiro princípio filosófico geral: "Um pouco de compreensão é melhor do que ficar sofrendo um tempão". Ainda acho que essa é a melhor regra para um casamento feliz, e provavelmente uma ótima regra para a diplomacia internacional.

Naquela mesma idade, certa manhã de domingo, voltando para casa depois da igreja e confuso sobre algo que me tinham dito na catequese, fui tirar a prova real com o meu pai, que eu sabia ser muito entendido nas coisas de Deus.

"Pai, todas essas coisas que na catequese e na igreja dizem que devemos fazer... São uma coisa só, não são?"

Com razão, meu pai suspeitava das generalizações infantis, e por isso sua resposta foi: "O que você quer dizer? Que coisa só?"

"Bem, a gente só precisa perguntar a Jesus o que Ele quer que a gente faça e daí fazer, né?"

Ainda me lembro de seu olhar surpreso.

"Sim, meu filho. É isso mesmo. Você está certo."

Meu pai era um homem sábio. Provavelmente ele ficou ainda mais sábio aos oitenta anos.

145. A SABEDORIA DA INFÂNCIA

Na mesma época, eu queria muito um trenzinho elétrico de Natal. Nunca tinha ganhado um presente tão caro e receava que meu pai não tivesse condições de comprá-lo. Devo ter incomodado meu pai durante dias, até que, pouco antes do Natal, ele sentou-se comigo e disse:

"Filho, você sabe o que o Natal significa?"
"Acho que sim."
"Então me conte."
"Tem a ver com o amor."
"Certo. E por que o comemoramos no dia 25 de dezembro?"
"Não sei."
"Eu acho que você sabe... Quem faz aniversário no dia 25 de dezembro?"
"Jesus."
"Certo. E o que o nascimento de Jesus tem a ver com o amor?"
"Não sei..."
"Vou lhe dar uma pista: por que damos presentes uns aos outros no Natal?"
"Porque nos amamos?"
"Isso! E o que isso tem a ver com o nascimento de Jesus?"
"Deus nos deu Jesus no Natal porque Ele nos ama."
"Muito bom! Você sabe o que o Natal significa. Então também sabe por que a sua mãe e eu lhe damos presentes de Natal, não sabe?"
"Porque vocês me amam."
"Ótimo. Agora, tenha em mente que talvez não tenhamos dinheiro para lhe dar esse trenzinho elétrico que você tanto quer. Você ainda saberá que nós o amamos?"

Naquele momento meu cérebro pequeno e calculista entrou em modo pânico. Que resposta faria com que eu ganhasse o trenzinho? Será que eu poderia chantageá-lo dizendo que não, a fim de que me comprasse o presente? De alguma forma, isso não parecia correto. Eu simplesmente não conseguia imaginar que resposta funcionaria, então fiz o que a maioria das crianças faria numa última tentativa: disse a verdade. "É claro, papai. Eu sei que vocês me amam, mesmo se não puderem me dar o trenzinho."

"Obrigado, meu filho. Você me deixou muito feliz."

No entanto, eu não estava feliz, pois achei que tinha desistido do trem e dado a meu pai uma desculpa para não ter de comprá-lo. Na manhã de Natal, para a minha surpresa, o trenzinho estava ali, debaixo da árvore.

Bem, o trenzinho está se consumindo sob pó no sótão e não funciona mais. A lição de meu pai, no entanto — assim como o seu amor —, ainda corre em torno de meus trilhos, com a locomotiva cheia de vapor.

146. Melhor do que certo

É melhor ser feliz do que ter razão.
Explico-me. Fazer as outras pessoas felizes é um incentivo a que sejam boas, e ser feliz consigo mesmo facilita que sejamos bons. No entanto, ser corretos, mas infelizes, torna as outras pessoas infelizes, e isso dificulta a bondade delas.
Se vocês acham que isso desvaloriza a retidão, lembre-se de que a única maneira de sermos realmente felizes é sendo retos, sendo bons.

147. Minha obsessão

Todo mundo tem pelo menos uma fraqueza, um ponto fraco, uma obsessão. A minha é computadores em geral. Tudo o que é digital é meu inimigo.

Na maior parte do tempo, sou uma pessoa calma e racional. Porém, toda vez que tento domar a fera que pensa de maneira tão diferente de mim, eu e ela acabamos entrando numa relação semelhante à do conde Drácula com o dr. Van Helsing. E a fera sempre ganha. Ela é o Flamengo e eu, o Fluminense. Ela sempre encontra uma maneira de me pegar. Ela é Lucy e eu, Charlie Brown. Ela sempre muda as regras, tirando a bola dos meus pés bem na hora em que estou prestes a chutar. Ela é a árvore, eu sou a pipa.

Ela não só me derruba fisicamente, mas espiritualmente também. Torna-me um demônio maluco desejando o seu sangue e gritando: "O inferno de Gates não prevalecerá sobre Peter!"

Confesso, portanto, ao mundo (ou à pequena parcela de mundo que lê este texto) que fico quase louco nessa área da vida. Sou um demônio de fogo sedento de sangue, desejando aplicar torturas, desmembrar, matar e destruir o inferno de Gates. Se uma bomba nuclear gigante explodisse sobre a minha cabeça agora mesmo, eu morreria num

147. MINHA OBSESSÃO

estado mental mais tranquilo do que a mente dos cinco C's: cidadãos covardes e condenados, comandados pelo computador. Na verdade, provavelmente eu olharia para a bomba e diria: "Bem... é isso. Coisas ruins acontecem. Essa é a nossa sina e eu posso suportá-la. Sou torcedor do Fluminense". Mas essa danada dessa maquininha deveria nos servir e nos obedecer, diferentemente das bombas, que deveriam nos matar. É o nosso robô, mas tornou-se o meu Frankenstein.

Se eu fosse para o inferno, todos os computadores ali ririam de mim. É lá que eles são programados, e é para lá que vão quando "pifam". Vão para a sala de guerrilha do Inferno a fim de planejar novos imprevistos, como aqueles monstros que saltam do nada nos videogames. Vão para lá a fim de acabar com a nossa sanidade, com as nossas almas, com a nossa paz. Vão para lá a fim de nos mostrar quem é que manda.

Eu os amaldiçoo com a pior maldição mongol que existe: que um búfalo com hemorroidas confunda o rosto de sua mãe com um penico! Mas os computadores nem dariam bola. Ora essa! Nem mãe eles têm. Nenhuma mãe poderia ter criado a placa-mãe — elas são piedosas.

Acho que vou parar por aqui antes de assinar minha ida para a prisão.

148. Razões

A maioria de nós faz a maioria das coisas, mesmo as boas, por motivos que não são nada bons. Deveríamos continuar fazendo coisas boas, mas também ter melhores motivações para fazê-las.

Sete motivos negativos para fazer algo:
1. É popular. (E?)
2. É moderno. (E daí?)
3. É eficiente. (Para quê?)
4. É econômico. (Ah, é?)
5. É "assim que se faz", ué. (E o que você quer dizer com isso?)
6. É necessário. (Não, não é, a menos que seja Deus. Há apenas uma coisa necessária neste mundo.)
7. Eu tenho de fazer. (Você é um robô ou um escravo?)

Sete boas razões para fazer algo:
1. Deus ama esse algo.
2. Eu amo esse algo.
3. É bom.
4. É verdadeiro.

5. É belo.
6. Esse algo me faz feliz.
7. Esse algo faz outra pessoa feliz.

Vê como é fácil mudar suas vidas?

149. Se Deus se fizesse gato

Se Deus se fizesse gato, em vez de homem, vocês não adorariam os gatos?

Bem, Deus fez-se homem. Por que não adoramos mais os homens?

Se Ele tivesse dito: "Todas as vezes que fizestes isso a um destes meus gatos, foi a mim mesmo que o fizestes", será que sairíamos por aí xingando e maltratando gatos? Não. Nós veríamos Deus toda vez que olhássemos para todos os gatinhos pequeninos.

Que pena que não nos adoremos uns aos outros como adoramos os gatos.

150. A visão geral

Busquem sempre a visão geral. A falta de uma visão geral explica por que é difícil, para muitos católicos, entender por que a Igreja proíbe tantas coisas que um monte de pessoas racionais no mundo não proíbe, como divórcio, fornicação, contracepção, masturbação, sodomia, eutanásia e clonagem. O princípio por trás de todos esses nãos é o mesmo sim, a mesma "visão geral": "O que Deus uniu na criação, nenhum homem deve separar". Quando Deus usa a cola, não use tesouras. Deus colocou juntos a união pessoal e a procriação, e o homem os separou com as tesouras da contracepção e da clonagem, que são dois lados da mesma moeda. Deus colocou juntos o sexo e o casamento, e o homem os separou com as tesouras da fornicação e da masturbação. Deus colocou juntos o corpo e a alma em nossa criação, e o homem os separou com todas as maneiras possíveis de matar, inclusive a eutanásia. Deus colocou juntos bebês e mães, e o homem os separou com o aborto. Deus colocou juntos marido e esposa, e o homem os separou com o divórcio. Deus uniu homem e mulher, e o homem os separou com a homossexualidade. A "visão geral" permite que vocês vejam as conexões e permite que vejam que é apenas porque a coisa certa é tão boa que a errada é ruim.

Todas, exceto uma dessas questões morais controversas, têm a ver com o sexo. E isso não acontece porque a Igreja é obcecada pelo sexo, mas porque a cultura o é. A Igreja jamais mudou a sua ortodoxia; foi o mundo que mudou as suas heresias. No quarto século ninguém questionava a moralidade sexual da Igreja, mas até os peixeiros e vinhateiros discutiam sobre as duas naturezas de Cristo e as pessoas da Trindade. No século XVI e XVII, as discussões não eram sobre sexo, mas sobre fé e trabalho, Igreja e Estado, a Bíblia e os sacramentos. No século XVIII, a questão moral mais controversa eram os *duelos*!

A história dá a vocês uma boa perspectiva.

151. Quais são as ações que mais mudam o mundo?

Então vocês querem mudar o mundo e estão se perguntando por onde começar? Rezem.

"Muito mais coisas do que podemos imaginar acontecem graças à oração." Se Deus nos mostrasse a diferença que as nossas preces fazem a todas as vidas afetadas, de geração em geração, nós nos ajoelharíamos e nunca mais desejaríamos ficar em pé novamente.

Deus esconde muitas coisas boas de nós para o nosso próprio bem.

A oração é uma obra. Quando vocês rezam, vocês fazem algo, vocês mudam algo, vocês criam algo novo, como a construção, a reforma ou a demolição de uma casa. E não se trata apenas de um bom exercício para vocês: ela constrói, reforma ou derruba coisas reais por aí. Há muitas coisas que precisam ser construídas, reformadas ou demolidas.

A diferença entre rezar e o trabalho de construção está em que não somos capazes de enxergar os edifícios que as nossas orações constroem, pois não conseguimos ver o Mestre de Obras — do mesmo modo como as ferramentas não conseguem ver o carpinteiro. Nós somos as ferramentas dEle.

Se Ele quisesse, poderia tornar-se a si mesmo visível e tornar visíveis as suas obras. Nesse caso, porém, não precisaríamos mais da fé, o que faria arrefecer as nossas orações, nossas obras de construção.

152. Sete perguntas, uma resposta

1. Como viver?
2. Como ser sábio?
3. Como ser bom?
4. Como superar o medo?
5. Como rezar?
6. Como ser grato e, portanto, feliz?
7. Como estar pronto para morrer?

Sete perguntas importantes. E tudo indica que não seria adequado dar-lhes respostas simples. Errado. Respostas complicadas é que são inadequadas. Respostas definitivas para perguntas definitivas são sempre definitivamente simples. A resposta para todas essas sete questões (e muitas mais) é uma mesma palavra. A palavra que Ele falou a Moisés a partir da sarça ardente: "Eu sou". Essa palavra, em hebraico, é tão sagrada que nenhum judeu nunca a pronunciou. Somente a Deus cabe pronunciar o próprio nome. Nós apenas "praticamos a presença" desse Deus. Ele é a boca; nós, os ouvidos.

Porém, em vez de apenas mencionar, deixem-me explicar a "visão geral" para que vocês possam enxergá-la, e não apenas pronunciá-la.

Começa com um fato que apenas os ateus negam: Deus é real, se faz presente e sabe tudo; portanto, olha para vocês neste exato momento e sabe absolutamente tudo sobre vocês. Vocês têm toda a atenção dEle! Foi Ele quem desenhou as suas almas; logo, conhece tudo o que há nelas. Esse conhecer deu-lhes a existência.

Ele não permite que vocês O vejam porque, se O vissem como realmente é, vocês não seriam capazes de comer, de dormir, de falar com coerência. Vocês estariam imersos num mar tão glorioso e inebriante que poderiam perder os sentidos ou simplesmente derreter. Quando Pedro, Tiago e João viram a divina glória de Jesus no Monte da Transfiguração, Pedro "não sabia o que estava dizendo" e balbuciou algumas baboseiras para tornar o local uma armadilha para turistas. Os outros dois não conseguiram dizer qualquer coisa. Peçam a qualquer santo canonizado que defina, ou mesmo descreva, o Deus que viram em suas visões místicas. Questione qualquer um dos vinte milhões de americanos que tiveram uma experiência fora do corpo ou uma experiência de quase-morte e de fato *encontraram* o "ser de luz", *sabendo* que Ele os conhecia totalmente e de maneira absoluta e, ainda assim, os amava totalmente e de maneira absoluta. Todos dizem que é impossível expressar essa experiência com palavras. Experimentar essa presença sempre desperta completa alegria, completa segurança e completa ausência de medo, até mesmo da morte (*principalmente* da morte). E isso muda toda a sua vida, pois todos passam a ver as mesmas verdades muito claramente: a de que apenas duas coisas importam neste mundo, de que há somente duas coisas de valor absoluto, pois apenas duas coisas duram para sempre e, por isso, apenas essas duas coisas merecem a nossa atenção: a verdade e o amor. É disso que Deus é feito: Deus (o Pai) é verdade (o Filho, a palavra, o *logos*, a razão ou mente de Deus) e Deus é amor

152. SETE PERGUNTAS, UMA RESPOSTA

(o Espírito que une Pai e Filho). Eis a doutrina da Trindade em apenas uma frase.

Há uma grande força em simplesmente lembrar e acreditar que Ele é real e está verdadeiramente presente, olhando para vocês. (Em essência, é isso o que significa "praticar a presença de Deus".) Temos, porém, de ser "interferentemente" concretos e perigosamente íntimos, e não educadamente abstratos e prudentemente distantes. Deus não tem "consciência de nós", observando-nos "desde um ponto distante". Ele está olhando para vocês neste exato momento, bem aí na frente, a um palmo de seu rosto, como a mãe que não tira os olhos do rosto de seu recém-nascido.

Poder dizer tudo isso demora, e assim tudo começa a parecer muito complicado; no entanto, trata-se da coisa mais simples do mundo. O irmão Lourenço, que chamou isso de "prática da presença de Deus" num ótimo livrinho com o mesmo nome, era tão estúpido que não conseguia dar conta das tarefas mais simples, como comprar comida ou cuidar dos cavalos. Ele tinha um déficit de atenção severo, e Deus usou esse homem simples para escrever um livro simples, um livro para iniciantes na arte de viver e de rezar. Meu livrinho *Oração para iniciantes* é quase um plágio desse outro.

Os muçulmanos falam em *gaflah* (esquecimento). Essa é a versão deles para o pecado original: para a tendência humana inata e universal a esquecer-se de Deus. É por isso que eles rezam cinco vezes ao dia. Eles reconhecem que têm déficit de atenção espiritual. Bom para eles. Podemos fazer a mesma coisa sem nos tornarmos muçulmanos. Basta virar a cabeça e encontrar os olhos dEle.

No entanto, saibam que isso pode doer. Especialmente quando você enxerga as marcas dos pregos em Suas mãos, as lágrimas em Seus olhos, as marcas em Seu coração, todas elas deixadas pelos pecados que vocês cometeram. Mesmo assim, trata-se de uma dor boa. É o início do purgatório.

O Cura d'Ars observou um camponês durante horas na igreja, em adoração diante do Santíssimo Sacramento. Perguntou então ao homem o que fazia enquanto rezava, e a resposta foi a melhor definição de contemplação que conheço: "Eu apenas olho para Ele, e Ele olha para mim."

Ele realmente está ali, vocês sabem, e realmente espera por nós, por nossa atenção. (A atenção é um ato de amor.) Se apenas dissermos um "oi", um "obrigado", um "eu te amo" muitas vezes, Ele agirá muitas vezes. Ele nos mudará. Ele fará coisas por nós, como uma maré imponente e invisível virando e elevando uma frota de navios presos em bancos de areia, movendo embarcações que pesam toneladas de forma gradual e imperceptível, mas sem nenhum esforço e sem resistência. (As maiores forças do universo são invisíveis.)

Façam isso, portanto: pratiquem a presença de Deus, e essas sete perguntas importantes serão respondidas. Eu garanto. Tentem. Vocês vão adorar.

Mas vocês devem fazer isso de verdade, e não apenas pensar em fazer ou concordar com que devem fazê-lo. É incrível como nos convencermos de que estamos fazendo algo quando, na verdade, estamos apenas decididos a fazê-lo. Talvez essa seja a terrível tentação do intelectual. Ora, veja só, vocês e eu somos intelectuais.

153. Solução prática para o problema do mal

Existem dois tipos de mal: o pecado e o sofrimento — o mal que vem a nós e o mal que vem de nós.

O primeiro tipo prejudica apenas o corpo; o segundo é pior, pois prejudica a alma.

A solução prática para o primeiro tipo é fácil: diga sim (confie: pela confiança, transforme-o em algo bom). A solução prática para o segundo tipo é mais difícil: diga não.

Deus nos deu a solução indispensável para o pecado, e devemos fazer o que Ele fez. Primeiro, enviou-nos o Salvador; depois, o Espírito. Ele ama os pecadores (é por isso que enviou o Salvador), mas odeia os pecados (é por isso que enviou o Santificador). Nós devemos agir da mesma maneira.

Como?

Existem três respostas possíveis, três comportamentos que podemos adotar em relação aos nossos próprios pecados.

1. Podemos odiar o pecado — mas só um pouquinho. Isso é fácil, é barato e não faz mal algum.

2. Podemos odiar o pecado e o pecador na mesma medida. Essa também é fácil e tem uma consequência: causa danos. É-nos pedido que "amemos o próximo como a nós

mesmos"; isso significa que temos de amar a nós mesmos assim como amamos o nosso próximo. Não devemos odiá-los, da mesma forma como também não devemos odiar a nós mesmos.

3. A resposta mais difícil é a única que funciona: amar ainda mais o pecador (a pessoa) e odiar ainda mais o pecado. Sejam como Deus: fervorosamente apaixonados pelo pecador e fervorosamente contrários ao pecado.

É muito fácil dizer e pensar em tudo isso, mas muito difícil fazer. Temos de amar o pecador muito, muito mais, e o pecado muito, muito menos, ao mesmo tempo e pelas mesmas razões, como Deus faz. Em vez disso, tendemos a amar o pecador só um pouquinho mais e o pecado, só um pouquinho menos. Mas isso não muda muito, pois, quando amamos o pecador (a pessoa) apenas um pouco mais, tendemos a amar também o pecado; e, quando odiamos o pecado apenas um pouco, tendemos a odiar também o pecador (a pessoa). Assim, uma versão fraca da resposta número 3 volta para a resposta 1 ou 2. A única versão da resposta 3 que funciona é a versão forte.

Nós todos deveríamos ser *apaixonadamente* impacientes em relação aos nossos pecados. Deveriam ser questão de vida ou morte para nós, pois eles o são. Eles matam as nossas almas assim como as doenças podem matar os nossos corpos. Usamos máscaras, antibióticos e até preservativos para não contrair doenças fatais; deveríamos fazer o mesmo pelas nossas almas.

Também deveríamos viver loucamente apaixonados por nosso verdadeiro eu, por nosso destino celestial. Se víssemos as coisas reluzentes e gloriosas que somos destinados a ser, não toleraríamos ser nada menos do que elas.

A primeira fala contra o pecado deve estar sempre no pensamento. "Nada disso!" Sequer *pense* no pecado. "Semeie um pensamento, colha um hábito; semeie um hábito, colha um caráter; semeie um caráter, colha um destino." Vencer a guerra no primeiro pensamento é muito mais fácil e menos custoso do que reparar o erro mais tarde. Veja o pecado como o que ele é: bosta. Dê a descarga assim que sentir o cheiro.

154. Deficiências

Todo mundo neste mundo é deficiente. A única diferença não está entre o deficiente e o não deficiente, mas apenas entre um deficiente e outro.

Cada pessoa no mundo tem pelo menos algo a mais e pelo menos algo a menos. As deficiências nem sempre funcionam para o aperfeiçoamento dos indivíduos, mas sempre funcionam para o aperfeiçoamento dos relacionamentos. Indivíduos perfeitos, completos e sem deficiências jamais poderiam construir relacionamentos profundos, pois eles não têm necessidades profundas.

Em certo aspecto, eles deveriam ser hermafroditas, pois os homens precisam das mulheres (eu sei bem disso) e as mulheres precisam dos homens (ao menos imagino que sim). Homens são deficientes por não serem mulheres e mulheres são deficientes por não serem homens.

Se os homens forem femininamente homens, serão deficientes por não serem masculinamente homens; e se as mulheres forem masculinamente mulheres, serão deficientes por não serem femininamente mulheres.

É risível a incompetência dos homens em relação à feminilidade, assim como é risível a incompetência das mulheres

154. DEFICIÊNCIAS

em relação à masculinidade. Ambos são incompetentes até mesmo em compreender a outra condição — quanto mais em assumi-las para si. Homens são totalmente superiores às mulheres... em ser homens. E mulheres são totalmente superiores aos homens... em ser mulheres. Eu conheço algumas das minhas deficiências. Tenho TDA. Sou intelectualmente inteligente, mas emocionalmente estúpido, um professor distraído cujo talento mais notável consiste em bagunçar tudo, exceto as poucas coisas que faço bem — mas uma coisa de cada vez. A mãe de vocês é uma solucionadora de problemas elegante, audaciosa, linda, deslumbrantemente inteligente, generosa, competente, multitarefas e habilidosa. Eu nunca cresci; ela nunca foi criança de verdade. Quando eu morrer, terei doze anos; ela tinha quarenta ao nascer. Somos Marte e Vênus, Mutt e Jeff, Laurel e Hardy, um estranho casal, uma comédia de erros. Todos os casais são um estranho casal. Deus nos deu uns aos outros para rirmos e para aprendermos a amar-apesar-de-tudo, bem como a amar-por-tudo.

155. Por que os dias ruins são bons

Haverá dias em que vocês se sentirão no topo do mundo e dias em que sentirão que o mundo desaba sobre vocês. É muito mais importante a maneira como agem quando se sentem um asno do que a maneira como agem quando se sente um anjo — mais importante para moldar a pessoa que vocês irão se tornar, a pessoa que vocês serão naqueles dias mais corriqueiros, em que vocês não se sentem nem por cima, nem por baixo, nem um anjo, nem um asno.

As boas escolhas que vocês fazem quando os seus sentimentos não estão de acordo com elas, as boas escolhas que fazem nos dias ruins, são compostas daquela parte que ainda estará por aí amanhã, a parte que está no comando. As boas escolhas que vocês fazem nos dias bons, quando é fácil fazê-las, são compostas principalmente de bons sentimentos, os quais são apenas convidados na cabine do comandante. Eles não continuarão ali no dia seguinte.

Escolhas baseadas em sentimentos são como planadores transportados pelo vento. Entusiasmam, mas no dia seguinte o vento cessa e, se vocês não tiverem o motor interior em funcionamento, o avião não decolará amanhã.

Sentimentos são para a vontade como as muletas para as pernas. Não se apoie em próteses espirituais.

156. A nossa dislexia

Dizemos que o nosso Deus é o número 1; o nosso cônjuge, o 2; os filhos, o número 3; os amigos, o número 4; o trabalho, o número 5; os bichos de estimação, o 6. No entanto, damos mais tempo e afeto aos cães do que a Deus. Talvez tratemos o cão como o Céu pois somos disléxicos.

157. Fomos feitos para queimar

Quando fazem uma fogueira no bosque, vocês orientam tudo àquela pequena chama para fazê-la aumentar, e não apagar. Esse é o princípio do combustível, da lareira, dos fósforos, dos sopros, da proteção contra os ventos e as chuvas.

É com isso que se parecem as nossas vidas do ponto de vista do Céu. Deus enviou seus anjos para nos guardar como se fossem mãos em concha em torno dessas pequeninas, frágeis, débeis e debilitadas chamas de amor que Ele acendeu em nossas vidas, no intuito de abrigá-las dos ventos, das chuvas e dos espíritos maus que querem apagá-la. Em torno de cada um desses amores, orações e sacrifícios em nossas vidas, há ventos de força inimaginável soprando tanto do Céu como do Inferno: do Céu, para fazer crescer a chama; do Inferno, para extingui-la. Enquanto isso, sentamo-nos entre as mãos da providência e dos anjos, e o Céu prende a respiração para ver se vamos deixar a chama se expandir ou se esvair.

O combustível somos nós mesmos. Fomos feitos para queimar, para queimar a chama que é eterna.

158. Corações simples

Quando João, o mais jovem dos doze apóstolos, estava envelhecendo (ele viveu até os noventa anos), seus discípulos se queixaram de que ele só sabia falar sobre uma coisa: amor. A resposta de João: "Não há mais nada." Nós ficamos mais simples à medida que envelhecemos.

Isso porque não há muito tempo para as outras coisas. O tempo se esvai. Vamos ficando mais simples no âmbito da mente ou do coração. A mente simples é a mente insuficiente; o coração simples é sábio.

A simplicidade é sábia porque o sentido da vida é mais simples do que nós. Fazemos tanta confusão porque nos esquecemos das verdades simples, e não porque esquecemos das complexas. Ninguém nunca arruinou a própria vida por ter esquecido Einstein, mas já a arruinou por ter esquecido Moisés.

Todos nós, lá no fundo, sabemos que o sentido da vida consiste em apenas uma palavra; e todos nós, no fundo, sabemos que palavra é essa.

Somos, portanto, mais sábios do que pensamos, mas resistimos em admitir isso porque nos torna mais responsáveis. Complicar é um grande pretexto. As desculpas são sempre complexas.

Sabemos que a alma de todas as coisas é uma coisa só e que essa coisa é o amor, muito embora os corpos e aparências dessas coisas sejam muitos e nem todos se pareçam com o amor.

O centro de tudo é o amor porque tudo foi criado pelo amor. Existe apenas uma causa primária, e essa causa é amor. Assim, tudo o que essa causa faz, faz por amor. Tudo o que permite, permite por amor.

Temos de aprender a ser assim.

159. Por que tanta religião?

Estou chegando ao fim deste livrinho de conselhos essenciais. Por que grande parte dele é sobre religião? Por que não política, psicologia humanista, economia, ciência? Porque "religião" significa (literalmente) "relacionamento", e a vida, em sua essência, consiste de relacionamentos. Buber diz que "a vida real é toda encontro". Os relacionamentos tornam as coisas importantes; as coisas não tornam os relacionamentos importantes.

Além disso, se não é verdade que todas as relações humanas encontram sua fonte e seu ápice em Deus, que as criou, se Deus não é a chave para compreendê-las e aperfeiçoá-las, então Deus não é Deus, mas apenas um Zeus ou um Papai Noel, um mito.

Do mesmo modo, Deus é uma relação, uma família, uma Trindade.

Há tanto a dizer *sobre* religião justamente porque há muito *na* religião. A menos que ela não seja verdadeira — e, nesse caso, tratar-se-ia da maior mentira do mundo, o que nos obrigaria a abraçar honestamente o ateísmo. A única coisa que ela não pode ser é moderadamente importante. Suas reivindicações são muito grandes para isso: se ela não é mais que tudo, é menos que nada.

Não escolhi fazer este livro tão "religioso" porque estou "na religião" ou porque sou bastante "religioso". Não sou. Para mim, é muito mais difícil manter o pensamento em Deus do que em milhares de outras coisas. Tenho de me forçar para rezar, ainda que por alguns minutos. Não preciso me forçar a assistir a um jogo de beisebol por alguns minutos. Nem mesmo por algumas horas.

Façam o que digo, não façam o que faço. (Todo pai honesto diz a mesma coisa.)

160. Por que coisas ruins acontecem a pessoas boas?

Quando chegam os tempos ruins, quando coisas ruins acontecem, nós investigamos as causas: por que isso aconteceu? Foi Deus quem o fez? O que eu fiz de errado? De quem é a culpa? O que posso fazer para consertar isso?

No entanto, tudo isso não costuma fazer bem, pois o passado está morto e não pode ser mudado. Apenas o futuro pode ser mudado, e pelas escolhas do presente. Então, em vez disso, perguntem: que a utilidade pode ter essa coisa tão ruim? As causas remetem ao passado; utilidade se volta para o futuro. O que posso aprender com isso? Posso enxergar essa dor como centelhas da Cruz de Jesus? Posso confiar nEle para que até mesmo o mal seja usado para o bem, para tirar algum bem do mal?

Sim, vocês podem. Podem dizer sim ao plano lento e misterioso de libertação do mal e podem acreditar que esse plano é mais sábio do que as nossas soluções instantâneas.

A confiança é a principal lição que temos de aprender, e não é possível aprender a confiar quando tudo vai bem; só na escuridão isso é possível. Assim, Ele tem de trazer a escuridão.

Embora não consigamos compreender a razão pela qual coisas ruins acontecem a pessoas boas, podemos compreender por que isso é assim — *podemos* compreender por que não podemos compreender.

Jesus não sofreu para acabar com os nossos sofrimentos, mas para acabar com os nossos pecados. Ele não sofreu para acabar com os nossos sofrimentos, mas para que nossos sofrimentos fizessem parte dEle. Ele não sofreu para acabar com os nossos sofrimentos, mas para transformá-los. Agora, esses sofrimentos são portas para o Paraíso.

A morte é o grande portal e as dores, os pequenos portões. Ele nos chama por detrás deles: "Estou aqui, atrás desta porta, mesmo que não consigam me ver, assim como estou por trás das imagens do pão e do vinho na Eucaristia. Confiem em mim. Segurem a minha mão e venham. Sou o mestre da dor e, sozinho, posso conduzi-los pelo vale da sombra e da morte. Não tenham medo, pois estou com vocês".

161. Quando eu morrer

Se vocês me amam, irão soluçar quando eu morrer. Não chorem por mim, mas por vocês mesmos e por seus filhos.

As suas lágrimas podem ser lágrimas de raiva por algum tempo, assim como lágrimas de tristeza; e, se assim forem, provavelmente serão dirigidas a Deus. Com quem mais vocês poderiam se indignar pela morte?

Deus é um alvo profundo o suficiente para tomar todas as farpas e flechas da ira de vocês e fazê-las desaparecer no corpo dEle. A Cruz é maior que o mundo.

Mas, se vocês me amam (e, se não amam, não deveriam estar irados), não atirem. Não atirem as flechas de sua ira para Deus, mesmo que jamais possam feri-lO. Porque assim vocês podem ferir a si mesmos, e isso me deixaria triste, pois eu amo vocês.

Deixem as lágrimas caírem. "Nem todas as lágrimas são um mal", diz Gandalf no fim do melhor livro do século XX. Deixem as lágrimas amorosas chegarem, mas deixem que sejam apenas lágrimas de amor, e não de raiva. Se vocês me amam, amem a Deus por ter me criado e me dado a vocês por esse tempo tão breve. Amem a Cristo por me salvar. Amem a sua mãe, minha metade que ainda está com vocês. Estou nela, e ela está em mim.

Estejam sempre imersos no amor. Nunca deixem a fonte secar. Nunca deixem de surfar. Eu jamais deixarei.

162. As últimas palavras

Esta é a última página de meu livrinho de anotações. Um dia, escreverei a última página do livro de minha vida. Vocês também a escreverão. Esta é a única certeza de nossas vidas. Ainda que estejamos preparados para todas as outras coisas com total atenção, tudo é muito pequeno se comparado a esse momento. (O único sentimento inesperado que tive quando da morte de meu pai foi o quão grande era aquilo tudo, o quão importante, o quão pesado. Era algo maior do que tudo o que eu tinha vivenciado antes, maior do que qualquer acontecimento *na* vida.)

Nenhuma filosofia é tão importante quanto uma pessoa. E há apenas uma pessoa que tem a resposta para a morte. Vocês sabem o nome dEle. O nome dEle pode ser a última palavra de vocês, como provavelmente será a minha.

E logo nos encontraremos de novo, na terra dos recomeços, e não dos fins. E que belo encontro será!

Com todo o meu amor,
Seu Papai

Sumário

Introdução 5
1. Dos mortos aos vivos 7
2. Quem sou eu para aconselhar alguém? 9
3. O que há de melhor na vida 10
4. Se só desse tempo para dizer uma coisa ... 12
5. Tudo é amor 14
6. A pessoa mais importante 15
7. *Memento mori* 17
8. A oração de um minuto que muda nossa vida ... 19
9. O que é "uma pessoa boa"? 21
10. "Dê o seu melhor"? 23
11. Pelo que rezo todos os dias 25
12. O sentido da vida... numa frase 26
13. O que "eu te amo" quer dizer? 27
14. Tempo = vida = família 28
15. Mas não há o que fazer? 29
16. O que é a honestidade? 30
17. Otimismo e pessimismo 31
18. Vivam o presente 32
19. Uma sã escala de valores 34

20. Autoestima 35
21. "Mãe" 37
22. O que fazer com o tempo: alguns conselhos práticos 38
23. O tempo sagrado 39
24. Um minuto pela sanidade 40
25. De onde vêm as coisas boas 41
26. Riam! 43
27. Sem rancor 44
28. O que há de importante nessa tal Igreja? 45
29. Uma palavrinha sobre sexo 46
30. Tempos modernos 48
31. O que a família é? 50
32. Uma só coisa é necessária 52
33. Como ser uma pessoa boa: primeiro passo 53
34. Segundo passo: dez maneiras de ser uma pessoa boa 54
35. Terceiro passo: o desfecho 60
36. Vida é arte 62
38. Três ídolos 63
39. Um presente para vocês 65
40. Como ir daqui até o Céu? 67
41. Honra 69
42. A vida como ensaios fetais 71
43. Manhãs 72
44. Algumas máximas 73
45. A graça divina e a liberdade humana 74
47. Estilo 77
48. O teste de indignação da Oprah 78
49. Simplicidade 80
50. Vazio 83

SUMÁRIO

51. Lição de um grande poeta	84
52. Pare e sinta o perfume das rosas	85
53. A lógica do amor	86
54. Como tornar fácil isso de ser bom	87
55. Tentações da velhice	88
56. A mais elevada sabedoria	89
57. Perdoando	90
58. Uma palavra	91
59. Jesus, o comediante	92
60. O Senhor Verdade	93
61. As quatro dimensões	95
62. "Religião"	98
63. Os nuncas	100
64. Trabalho e diversão	101
65. Morrer e começar	103
66. Por que vocês existem	105
67. Orações para crianças	107
68. Simplifiquem as coisas!	109
69. Terapia para o medo	110
70. Diminuam o ritmo	111
71. "Seja bom." "Por quê?"	112
72. Coisas simples	114
73. Entendimento	116
74. Se	117
75. A vida é uma fritada de peixe	118
76. Como alcançar a paz e a justiça social	120
77. Paz	121
78. Por que precisamos da infelicidade	122
79. Por que a honestidade é a mais importante das virtudes	123

80. A mais profunda sabedoria 125
81. Último recurso 126
82. Gratidão 127
83. Três pensamentos estúpidos 129
84. Como lidar com pessoas difíceis 132
85. Todos os pais cometem erros, menos Um 133
86. O melhor presente para seus filhos 135
87. Conselho matrimonial numa palavra 136
88. Duas filosofias de vida 137
89. Grande bosta! 138
90. A escada de Jacó 139
91. Perdoem 140
92. O que fazer dez vezes ao dia para ser feliz 141
93. O que não fazer dez vezes ao dia 143
94. Dez frases que ninguém diz no leito de morte 144
95. Prioridades 145
96. Coma os frutos da caixa de brinquedos 146
97. O eu em chamas 147
98. Místico ao máximo: lição sobre religiões comparadas ... 148
99. Vocês querem ser santos? 149
100. "Alegria no sofrimento" — impossível? 151
101. Natureza e graça 152
102. Anorexia da alma 153
103. Amortecedores e parasitas *versus* miojos e esqueletos ... 154
104. Como ser mais espertos, mais felizes e melhores em sete minutos 155
105. Deus é comediante 157
106. Um experimento realista de raciocínio 158
107. Sentimentais 159

SUMÁRIO

108. Santa bagunça	160
109. Uma parábola sobre muros	162
110. A vida de vocês: quatro imagens	164
111. "Eu não merecia isso"	165
112. "Progressista" ou "conservador"?	166
113. Quando vocês falharem	168
114. Amor e dor	170
115. Psiquiatria barata	172
116. O poder da Confissão	173
117. Mentes e bocas	174
118. Mantenha um caderninho	175
119. Deus e diversão	177
120. O que significa ser pró-vida?	179
121. O zoológico interior	181
122. Morrer é fácil	182
123. "Bem-aventurados os humildes"	184
124. A sabedoria do surfe	186
125. A beleza da tristeza	187
126. Tenham filhos	188
127. "O que podemos fazer para deixá-lo feliz?"	189
128. O bem mais precioso	191
129. Sacrifícios	192
130. Gota a gota para o mar	194
131. Um livro inútil	196
132. Singularidade	197
133. Deus tem filhos, mas não tem netos	198
134. O significado da luz do sol	199
135. Trabalho, lazer… e rosas	200
136. Tempo natural	202

137. Por que os bons sofrem? 203
138. O que queremos acima de tudo 205
139. Quatro coisas que os deixarão felizes 207
140. Páginas grudadas 209
141. Como funciona a comunhão 210
142. Sem equilíbrio 211
143. "Pague adiantado" 212
144. Quando tudo parece sem sentido 213
145. A sabedoria da infância 216
146. Melhor do que certo 219
147. Minha obsessão 220
148. Razões 222
149. Se Deus se fizesse gato 224
150. A visão geral 225
151. Quais são as ações que mais mudam o mundo? 227
152. Sete perguntas, uma resposta 229
153. Solução prática para o problema do mal 233
154. Deficiências 236
155. Por que os dias ruins são bons 238
156. A nossa dislexia 239
157. Fomos feitos para queimar 240
158. Corações simples 241
159. Por que tanta religião? 243
160. Por que coisas ruins acontecem a pessoas boas? 245
161. Quando eu morrer 247
162. As últimas palavras 248

Direção geral
Renata Ferlin Sugai

Direção editorial
Hugo Langone

Produção editorial
Gabriela Haeitmann
Juliana Amato
Ronaldo Vasconcelos
Daniel Araújo

Capa
Gabriela Haeitmann

Diagramação
Sérgio Ramalho

ESTE LIVRO ACABOU DE SE IMPRIMIR
A 26 DE JUNHO DE 2023,
EM PAPEL IVORY SLIM 65 g/m².